Wien

Christian Eder

MERIAN-TopTen

Höhepunkte, die Sie unbedingt sehen sollten

1 **»Bermuda-Dreieck«**
Im ehemaligen jüdischen Viertel rund um die Ruprechtskirche ballt sich das Nachtleben Wiens (→ S. 33, 35, 73).

2 **Prater**
Der Vergnügungspark Wiens mit Riesenrad, Geisterbahn, Schießbuden, Wanderwegen und Teichen (→ S. 43, 56).

3 **Hofburg**
Habsburg komprimiert auf 24 000 qm. Besonders schön: Kaiserappartements, Winterreitschule und Schatzkammer (→ S. 50, 76).

4 **Kapuzinergruft**
Ruhestätte vieler wichtiger Habsburger: von Maria Theresia bis zu Kaiserin Zita, der letzten Herrscherin (→ S. 52).

5 **Karlsplatz**
Von der barocken Karlskirche über das Jugendstilgebäude der Secession zum Café Museum (→ S. 52, 79).

6 **Kärntner Straße**
Entlang von Wiens Nobeleinkaufsstraße gibt es viel zu sehen. Hier besitzt alles, was Rang und Namen hat, eine Filiale (→ S. 53, 75).

7 **Stephansdom**
Wiens monumentale gotische Kirche, der »Steffl«, mit einem wunderbaren Blick über die Stadt (→ S. 60, 72).

8 **Zentralfriedhof**
Der schönste Friedhof der Stadt – hier pflegt Wien die Gräber seiner Helden (→ S. 63).

9 **Albertina**
Eine beeindruckende Sammlung an Druckgrafik, dazu laufend Ausstellungen von Weltformat (→ S. 65).

10 **MuseumsQuartier**
Das Museumszentrum versammelt das Leopold-Museum, das MUMOK, die Kunsthalle, das Architekturzentrum und das Kindermuseum Zoom (→ S. 67, 78).

MERIAN-Tipps →
finden Sie auf Seite 128

Inhalt

Erläuterung der Symbole

Für Familien mit Kindern besonders geeignet

Diese Unterkünfte haben behindertengerechte Zimmer

In diesen Unterkünften sind Hunde erlaubt

Preise für Übernachtungen im Doppelzimmer ohne Frühstück:

●●●●	ab 220 Euro	●●	ab 75 Euro
●●●	ab 145 Euro	●	bis 75 Euro

Preise für ein Menü mit Vorspeise und Dessert, ohne Getränke:

●●●●	ab 45 Euro	●●	ab 15 Euro
●●●	ab 25 Euro	●	bis 15 Euro

Karten und Pläne

Die Buchstaben-Zahlen-Kombinationen im Text verweisen auf die Planquadrate der Karten, z. B.

→ S. 119, F 20 Kartenatlas
→ S. 87, b 2 Detailkarte innen
→ Umschlagkarte hinten, c 2

Mit Stadtplan

Wien stellt sich vor

Kultstätte höchster Schauspielkunst: Das berühmte Burgtheater (→ S. 49) ist einer der Prachtbauten an der Ringstraße, die den I. Bezirk umschließt.

Wien, die muntere Diva, ist wunderbar antiquiert und zugleich ganz modern: zwischen Gemütlichkeit und Avantgarde, mit klassischen Kulturtempeln und einer äußerst lebendigen Szene.

Die Wiener »Gmiatlichkeit«

Die Wiener Gemütlichkeit mag ein Klischee sein. Aber wo man einen »echten Wiener« meint zu sehen, ist er tatsächlich meist in einer statischen Position: im Kaffeehaus beim stundenlangen Zeitunglesen und einer Schale Kaffee, in gemütlicher Runde beim Heurigen oder beim Taubenfüttern im Park. Meist sind es Pensionisten, die diesen Beschäftigungen nachgehen, und die haben bekanntermaßen mehr Zeit als andere.

Von besagter »Gmiatlichkeit« merkt man freilich nichts in den Stoßzeiten in der U-Bahn, beim Einkaufen am Samstagvormittag oder beim Hasten durch die Innenstadt. Genauso wenig wie an der Wiener Börse, die ebenso hektisch ist wie ihre größeren Schwestern in New York, Tokio oder Frankfurt.

Aber was wohl zum klischeehaften Bild des Wieners beiträgt, sind die »gemütlichen« Orte zum Verweilen, von denen es in Wien vermutlich mehr gibt als in anderen Städten: angefangen bei den Kaffeehäusern und Beisln mit Schanigarten – ihrer auf die Straße gehenden Verlängerung –, über Parkbänke und Fußgängerzonen bis hin zu so prachtvollen Museen wie dem Kunsthistorischen, wo riesige rote Lederfauteuils in jedem Raum zu einer ausgiebigen Rast einladen. Wenn es schon so viele Möglichkeiten gibt, so lässt man sich halt nieder und legt eine Pause ein. Denn für die schönen Dinge des Lebens sollte man sich Zeit lassen; der Wahlspruch »Nur net hudeln« trifft nicht nur auf die Wiener zu, sondern sollte auch Ihnen – als Gast – bei einem Wienbesuch als Motto dienen.

Stadt der Kultur

Wien hat Charisma: Wohl, weil es ein beispielloser Schmelztiegel an Kulturen, an Kunstwerken verschiedenster Stile und Epochen ist und römische Ausgrabungen, romanische Kirchen, die Hofburg, Ringstraßenpaläste und Jugendstilbauten zu einem harmonischen Ganzen verbindet – die Altstadt, also der I. Bezirk, wurde bereits 2000 als UNESCO-Weltkulturerbe ausgezeichnet. Wien ist nicht nur ein Sammelsurium an Sehenswürdigkeiten, sondern eine lebendige Stadt an jedem Fleck. Zu Wien gehört genauso die mittelalterliche Ruprechtskirche wie der gotische Stephansdom, die Stilformen aus 500 Jahren aufweisende Hofburg, die hochbarocken Schlösser Schönbrunn und Belvedere, das Jugendstilgebäude der Secession, die Büroburgen der UNO-City, die weitläufigen Alleen des Praters, die Waldwege des Lainzer Tiergartens, die Badestrände der Donauinsel, die Weinberge und Heurigen von Grinzing, Nußdorf oder Heiligenstadt, die prachtvollen Ringstraßen-Kaffeehäuser, die schicken Lokale von Wiens Hautevolee oder die dunklen Beisln der Außenbezirke.

Dass Wien einen morbiden Charme ausstrahlt, ist auch so ein – in diesem Falle zutreffendes – Klischee: In Wien befasst man sich wahrscheinlich mehr mit dem Tod als in anderen Städten. Der Beruf des »Pompfineberers« – Leichenbestatter – ist hoch angesehen, und man sorgt schon zu Lebzeiten mit einem namhaften Geldbetrag vor, dass man eines Tages selbst »eine schöne Leich'« ist – besser gesagt, ein schönes Begräbnis hat. Die Friedhöfe in Wien sind gepflegt, und nicht selten sieht man auch Wiener bei der Sonntagspromenade am **Zentralfriedhof**, der natürlich mit einem Besuch am Familiengrab verbunden wird.

Das Morbide in Wien hat aber nicht nur mit dem Leichenbegängnis zu tun, sondern zieht sich durch viele Bereiche: angefangen beim Wienerlied und der Schrammelmusik, die sich in ihren Texten nicht selten mit Tod und Vergänglichkeit befassen, über die Literatur bis hin zu so konkurrenzlosen Attraktionen wie dem Bestattungsmuseum oder den verschiedenen Gruften der Habsburger, wo Körper, Eingeweide und Herzen getrennt voneinander beigesetzt wurden.

Wien ist eine grüne Metropole: Es gibt wohl kaum eine andere Millionenstadt, wo man vom Zentrum aus in maximal einer halben Stunde nicht in vorstädtischem Ödland, sondern direkt im Grünen landet, mit kilometerlangen Wanderwegen, Hügeln und versteckten Waldgasthäusern. Diese grüne Lunge Wiens ist der **Wienerwald**, der die Stadt halbkreisförmig im Süden, Westen und Norden umgibt.

Auch in der Stadt selbst ist man meist nur einen kurzen Spaziergang vom nächsten Park entfernt: Volksgarten, Burggarten und Stadtpark im Zentrum, Schönbrunn, das ehemalige kaiserliche Jagdgebiet des Praters mit ebenfalls ausgedehnten Wanderwegen, die Lobau und die Gebiete entlang der Donau. Genug Natur, um die Seele zu erfrischen und ein Gegengewicht zu allzu viel Kultur zu bieten.

Grüne Oasen in Wien

Trotzdem hat Wien ähnliche Probleme wie andere Städte: Obwohl die österreichische Metropole über ein hervorragendes öffentliches Verkehrsnetz verfügt, stauen sich im Zentrum, auf der Ringstraße und am Gürtel die Autos. Ein Einbahnsystem brachte Entlastung, dem Gast sei aber trotzdem angeraten, sein Auto an der Peripherie stehen zu lassen und so wenig wie möglich zu benutzen. Ein ständiger sanfter Wind hält die Luftverschmutzung in der Stadt in Grenzen.

Bei einer Bevölkerung von 1,6 Millionen beträgt der Ausländeranteil knapp 19 Prozent – aber weil das eigentlich immer so war und auch die heutigen Wiener Familien Hawranek oder Pospischil vor 100 Jahren einmal als Zugezogene begonnen haben, regt das eigentlich niemanden wirklich auf. Geschimpft wird aber besonders gerne, ob auf »Tschuschen« (Ausländer), »Asoziale« oder Politiker ist einerlei und austauschbar.

Im Jahr 1919 wurde der Burggarten (→ S. 49) der Öffentlichkeit zugänglich gemacht. Seitdem genießt die Wiener Bevölkerung dort sonnige Tage.

Es bringen wohl gerade diese Ausländer das Flair einer Weltstadt nach Wien – das merkt man an der Küche: Waren es früher böhmische, serbische oder ungarische Rezepte, die Eingang in die Wiener Kochbücher gefunden haben, so macht sich jetzt eine ganze Reihe von asiatischen Restaurants, Türken, Italiener, Argentinier, Franzosen und sogar Afrikaner breit – und sind unverzichtbar für die kulinarische und kulturelle Vielfalt der Stadt. Und doch kommt dabei auch die traditionelle Wiener Küche nicht zu kurz; nicht nur das: Sie wird immer besser.

Vielvölkerstadt aus Tradition

Einen weiteren Vorteil hat man in Wien: Es ist eine der sichersten Großstädte der Welt. Man kann auch nachts ohne Angst, angepöbelt oder gar überfallen zu werden, durch die Straßen der Innenstadt spazieren. Dennoch Vorsicht: Vor Taschendieben ist man – gerade in der City – auch hier leider nicht gefeit.

Wien ist eine soziale Stadt: Es hieß auch lange – und heißt noch immer – das »rote Wien«, weil es früher eine sozialistische und heute, nach einer Namensänderung, eine sozialdemokratische Regierung hat, die viel für ihre Bewohner getan hat. Das funktionierende Gesundheits- und Sozialsystem hat es zwar mit dem Rest von Österreich gemein, aber vor allem die Gemeindebauten haben Wien zu dem gemacht, was es heute ist. Bereits in der an sich krisengeschüttelten Zwischenkriegszeit baute Wien 60 000 Gemeindewohnungen für seine (auch Wohnungs-)Not leidenden Bürger. Der bekannteste Bau davon ist der 1,2 Kilometer lange **Karl-Marx-Hof**.

Praktisch parallel dazu begründeten die Stadtväter ein moderates Mietrecht. Das führte dazu, dass es auch heute noch Wohnungen gibt, die praktisch um ein Butterbrot vermietet sind. Viele der Mieter – längst nicht mehr bedürftig – können sich daher kaum von ihrer Wohnung trennen und lassen sie lieber leer stehen, obwohl es schon wieder genug Bewerber für Sozialwohnungen gäbe.

Der »Wasserkopf Österreichs«

Wien wird oftmals als »Wasserkopf Österreichs« bespöttelt: Die ehemalige Hauptstadt eines 50-Millionen-Reiches hat heute nur mehr für knapp acht Millionen Österreicher zu sorgen. Die Bundesregierung sitzt ebenso in Wien wie alle wichtigen Ämter und Behörden. Vielleicht gerade deshalb sehen sich die Wiener manchmal etwas »besonderer« als die restlichen Österreicher, und vielleicht gerade deshalb haben Wien und die »Weaner« in den übrigen Bundesländern nicht den besten Ruf.

Die Stadt war auch fast 50 Jahre lang am östlichen Rand der westlichen Welt angesiedelt. Hinter Wien gab es nur mehr den Eisernen Vorhang: Die Donaumetropole war dadurch ideal als Geschäftsstandort für Beziehungen ins damalige Osteuropa. Und so ließ sich hier auch die UNO mit einigen ihrer Organisationen nieder, und westliche und östliche Geheimdienste nutzten vor allem in den Tagen des Kalten Krieges Wien als Schauplatz ihrer Aktivitäten, was sich in der Filmkunst publikumswirksam verwerten ließ: Der längst als Kultfilm geltende Streifen »Der dritte Mann« mit Orson Welles als Harry Lime hat nicht nur die Stadt, sondern auch ihre Abwasserkanäle berühmt gemacht, und sogar James Bond gab sich in Wien die Ehre.

Man bezeichnet Wien gerne als erste Stadt am Balkan. Geografisch hat das durchaus seine Berechtigung: Am westlichen Ufer der Donau endet mit dem Wienerwald der Gebirgszug der Alpen, am östlichen beginnen geologisch die Karpaten. Im Hinblick auf Kunst und Kultur haben die Völker der ehemaligen Donaumonarchie in Wien ihre Spuren hinterlassen; Schriftsteller, Maler und Komponisten aus Prag, Budapest oder Montenegro haben hier gelebt und gearbeitet.

Das reiche jüdische Erbe

Viele davon waren jüdischer Abstammung: Wien hatte bis 1938 eine jüdische Bevölkerung von über 180 000 Menschen, darunter Journalisten und Schriftsteller wie Karl Kraus, Peter Altenberg, Stefan Zweig, Musiker wie Arnold Schönberg, Ärzte wie Sigmund Freud. Die Ermordung von Juden, Zigeunern, Kommunisten und Sozialisten in Konzentrationslagern oder ihre Emigration ins Ausland ließ Wien menschlich und kulturell ausgeblutet zurück. Doch von der reichen jüdischen Kultur zehrt die Stadt bis heute.

Wien ist eines der fünf meistbesuchten Ziele in Europa; fast genauso »in« wie London, Paris, Rom oder Berlin. Woche für Woche kommen Tausende Touristen und bevölkern die Innenstadt rund um Stephansdom und Kärntner Straße, besuchen die Hofburg und Schönbrunn. Für viele ist es ein einmaliger Besuch, andere wurden zu Stammgästen, angezogen vom kulturellen Angebot der Stadt. Theater, Museen, Galerien zeigen zum Teil einzigartige Ausstellungen – von vielen kann man nur in Superlativen sprechen: die größte Breughel-Ausstellung im Kunsthistorischen Museum, die Kronjuwelen in der Schatzkammer, die umfangreiche Sammlung wertvoller Druckgrafiken – darunter viele Werke von Dürer – der Albertina.

Und nicht zuletzt hat die Donaumetropole eine äußerst lebendige Dancefloor-Szene, die sie seit einigen Jahren in den Nightlife-Mittelpunkt Europas gerückt hat. Clubbings finden nicht mehr nur in dunklen Fabrikhallen oder in Szene-Diskotheken und -Beisln statt – Dancefloor-Events gibt es regelmäßig auch an so illustren Schauplätzen wie dem Volksgarten, den inzwischen abgebrannten Sofiensälen oder der Meierei im Stadtpark. Und immer kommen neue dazu – wie gerade jüngst ein Veranstaltungssaal inmitten der zu Wohnungen umgebauten Gasometer. Wiens DJs und Musikproduzenten gehören zu den namhaftesten Europas und immer wieder lassen auch Wiener Bands ein breites Publikum aufhorchen.

Die Stadt hat aber auch ein gleichberechtigtes Nebeneinander diverser Jugendszenen zu bieten, wie man es in anderen Metropolen selten findet. Gary Keszler, Initiator des »Life Balls«, sagte es einmal so: »In Paris ist es stinkfad im Vergleich zu Wien. Die Mischung der verschiedenen Szenen macht bei uns alles viel lustiger und spannender.« So ist denn auch der Life Ball ein Beispiel für die munter prosperierende Club-Szene der Stadt: Mode von Jean-Paul Gaultier oder Jean-Charles de Castelbajac vor einem herrlich bunt gemischten Publikum aus Clubbern, Drag Queens und Politikern. Die Einnahmen kommen der Aids-Hilfe zugute. Dass Wien auch seine Love-Parade hat, ist selbstverständlich.

Mekka für Dancefloor-Fans

Wobei sich in der Donaustadt natürlich noch vieles anderes im Freien abspielt: Gerade in den Sommermonaten verlagern sich die Lokale auf die Straße – jedes Beisl hat seinen »Schanigarten«, wobei der oft nur aus ein paar Tischen und Stühlen auf dem Gehsteig besteht. Und jeder, ob Wiener oder »Zugereister«, genießt das fast südländische Lebensgefühl, das bis spät in die Nacht anhält, Sperrstunde hin oder her.

Gewusst wo ...

Das Hotel Sacher (→ S. 13) ist dank seiner berühmten Torte weit über Österreichs Grenzen bekannt. Es zählt schon seit 1934 zu den besten Adressen der Stadt.

Wiener Lebensart rund um die Uhr: ein kleiner Brauner im Kaffeehaus, Bummeln auf der Kärtner Straße, ein Klassiker im Burgtheater und dann vielleicht noch ein Vierterl beim Heurigen ...

Übernachten

Ob Traditions- oder Designhotel, Künstlerpension oder Schloss – für jeden Geschmack ist etwas dabei.

Im Altstadt Vienna Hotel (→ MERIAN-Tipp, S. 14) werden Kunst und Design in jedem der 42 Zimmer auf individuelle und geschmackvolle Art vereint. Wer sich länger einquartieren möchte, kann eines der zwei Appartements mit Küche beziehen.

Die traditionsreichen Nobelhotels – vom Imperial bis zum Sacher – genießen zu Recht weltweit einen exzellenten Ruf. Sehr charmant und nicht selten beliebt bei Künstlern & Co. sind manche Pensionen der Innenstadt – wenngleich ebenfalls nicht unbedingt billig. Aber natürlich gibt es auch preiswertere Quartiere, die sich ebenfalls in der City befinden, gepflegt und sauber. Frühstück, meist vom Buffet, ist bei fast allen Hotels – außer den Luxusherbergen – im Preis inbegriffen.

Wer eher kostengünstig wohnen will, findet natürlich auch ein Dach über dem Kopf (Infos gibt es beim Wiener Tourismusverband). Ganz wichtig: Reservieren Sie Ihre Unterkunft – egal welcher Kategorie – rechtzeitig!

HOTELS ●●●●

Bristol S. 117, D 17

Luxushotel im klassizistischen Ringstraßenstil, gleich um die Ecke von der Kärntner Straße. Eines der bekanntesten Restaurants Österreichs, das »Korso« unter Chefkoch Gerald Angelmahr gehört zum Haus.

I., Kärntner Ring 1; Tel. 51 51 60; www.luxurycollection.com/bristol; U-Bahn: Karlsplatz/Oper; Straßenbahn: Linie 1; 140 Zimmer ●●●● ♿

Grand Hotel Wien S. 117, D 17

Kämpft mit dem Imperial und dem Sacher um den Titel »Nr. 1 der Stadt«. Das First-Class-Hotel liegt, wie seine Konkurrenten, direkt im Zentrum und ist in einem mondänen Ringstraßenpalais aus dem 19. Jh. untergebracht.

I., Kärntner Ring 9; Tel. 51 58 00; www.grandhotelwien.com; Straßenbahn: Linie 1; 205 Zimmer ●●●● ♿ 🐕

Imperial S. 117, D 17

Viele sagen, dieses Hotel sei die Nummer 1 der Republik. Großteils Stammgäste, das Haus verströmt noch den Hauch der k.u.k.-Zeit; Staatsbesucher steigen normalerweise hier ab. Unbedingt probieren sollten Sie die Imperial-Torte aus der hauseigenen Konditorei.

I., Kärntner Ring 16; Tel. 5 01 10-0; www.luxurycollection.com/imperial; U-Bahn: Karlsplatz/Oper, Straßenbahn: Linie 1; 138 Zimmer ●●●● ♿

Intercontinental S. 117, E 17

George W. Bush wählte es bei seinem jüngsten Besuch in Wien als Domizil. Aber auch davon abgesehen zählt das Hotel zu Wiens Topadressen: Es bietet jeden Komfort, den man sich nur wünschen kann, und liegt mitten im Zentrum: Der Stadtpark erblüht gleich vor der Haustür, und zu Fuß ist man in 20 Minuten beim Stephansdom.

III., Johannesgasse 28; Tel. 7 11 220; www.vienna.intercontinental.com; U-Bahn: Stadtpark, Straßenbahn: Linie 1; 453 Zimmer ●●●● ♿ 🐕

Le Méridien Vienna S. 116, C 17

Kunst und Hightech in geräumigen Zimmern und Suiten, inklusive Breitband-Internet, Flatscreen-TV, Spa und Sauna; im Restaurant Shambala wird u. a. französisch-inspiriert gekocht. Direkt an der Ringstraße.

I., Opernring 15; Tel. 58 89 00; www.lemeridien.com/vienna; U-Bahn: Oper; 294 Zimmer ●●●● ♿

Sacher S. 116, C 17

Das Wiener Traditionshotel schlechthin – weltbekannt auch wegen der Sachertorte aus der hauseigenen Konditorei. Direkt hinter der Staatsoper im Zentrum Wiens.

I., Philharmonikerstr. 4; Tel. 5 14 56; www.sacher.com; U-Bahn: Karlsplatz/Oper; 152 Zimmer ●●●● ♿ 🐕

Das Triest S. 116, C 18

Von Sir Terence Conran gestaltetes, modernes Luxushotel, unweit vom Zentrum. Der Neubau im ehemaligen Pferdebahnhof der Kutschenstrecke Wien–Triest gilt als Beispiel, wie Geschichte und modernes Design in Einklang gebracht werden können.

MERIAN-Tipp

1 Kunstsinnig wohnen

In seinem Hotel **Altstadt Vienna** hat der Kunstsammler Otto Wiesenthal seine Leidenschaft perfekt in die Arbeit integriert: Die geräumigen Zimmer sind mit Originalwerken etwa von Christian Ludwig Attersee, Niki de Saint Phalle und Andy Warhol aus Wiesenthals privater Kollektion ausgestattet. Jedes Zimmer atmet sein eigenes Flair; gefrühstückt wird im Roten Salon. Das klassizistische Haus nahe dem MuseumsQuartier wird ständig erweitert: Die Zimmer und Suiten des Hotels sind aus alten Bürgerwohnungen entstanden; werden wieder Räumlichkeiten im Haus frei, wandelt Wiesenthal sie stilsicher zu ganz besonderen Unterkünften.

VII., Kirchengasse 41; Tel. 5 22 66 66; www.altstadt.at; U-Bahn: Volkstheater; 49 Zimmer (1 Zimmer ♿) ●●
🐕 auf Anfrage → S. 115, F 13

IV., Wiedner Hauptstr. 12; Tel. 5 89 18-0; www.dastriest.at; U-Bahn: Karlsplatz; 72 Zimmer ●●●● ♿ 🐕

Hotels ●●●

Aviano → S. 110/111, C/D 8
Kleine Pension direkt im Zentrum. Hübsch eingerichtet.
I., Marco d'Aviano-Gasse 1; Tel. 5 12 83 30; www.secrethomes.at; U-Bahn: Stephansplatz; 17 Zimmer ●●● 🐕

Domizil → S. 111, D 8
Moderne Pension am Stephansdom.
I., Schulerstr. 14; Tel. 51 33 19 90; www.hoteldomizil.at; U-Bahn: Stephansplatz; 40 Zimmer ●●● 🐕

Hotel Rathaus – Wein & Design → S. 110, A7
Unter dem Motto »Wein & Design« steht das Hotel nach dem großzügigen Umbau: Jedes einzelne Zimmer ist einem österreichischen Top-Winzer gewidmet; in der Wein-Lounge gibt's die dazugehörigen Weine und Gourmetsnacks.
VIII., Lange Gasse 13; Tel. 4 00 11 22; www.hotel-rathaus-wien.at; U-Bahn: Volkstheater; 39 Zimmer, 1 Suite ●●●
🐕 auf Anfrage

Römischer Kaiser → S. 111, D 8
300 Jahre altes, renoviertes Barockpalais zwischen Stephansdom und Oper. Jedes Zimmer ist mit Stilmöbeln eingerichtet und hat seinen eigenen Charakter. Hier spielte John Irvings Roman »Lasst die Bären los«.
I., Annagasse 16; Tel. 5 12 77 51; www.hotel-roemischer-kaiser.at; U-Bahn: Stephansplatz; 24 Zimmer ●●●

Am Stephansplatz → S. 111, D 8
Top-Lage direkt im Zentrum gegenüber vom Stephansdom. Auch sonst bietet das Hotel jeden Komfort, inklusive eines Restaurants.
I., Stephansplatz 9; Tel. 53 40 50; www.hotelamstephansplatz.at; U-Bahn: Stephansplatz; 56 Zimmer (1 Zimmer ♿) ●●●

Hotels ●●

Arcotel Boltzmann → S. 110, A 5
Im 9. Bezirk und unweit vom Zentrum: gepflegtes Boutique-Hotel.
IX., Boltzmanngasse 8; Tel. 3 16 12; www.arcotel.at; U-Bahn: Schottentor; 70 Zimmer ●● 🐕

Graben → S. 110, C 8
Der Dichter Peter Altenberg hat hier einige Zeit gelebt, ebenso Franz Kafka, Max Brod und Alfred Polgar. Neben dem Dorotheum gelegen.
I., Dorotheergasse 3; Tel. 51 21 53 10; www.kremslehnerhotels.at; U-Bahn: Stephansplatz; 41 Zimmer ●● ♿ 🐕

Landhaus Fuhrgassl-Huber → S. 87, d 2
Kleine, gemütliche Hotelpension am Stadtrand in Neustift am Walde mit

Kinderbetreuung und Naturnähe: Fast wie auf dem Land – und der nächste Heurige ist vor der Tür.
XIX., Rathstr. 24; Tel. 4 40 30 33; www.fuhrgassl-huber.at; Straßenbahn: 35 A; 38 Zimmer ●●

Mondial Appartement-Hotel
S. 110, nördl. A 5
Die Alternative für Familien – gut ausgestattete Appartements für bis zu vier Personen in einem gepflegten Familienbetrieb in der Nähe des Palais Liechtenstein.
IX., Pfluggasse 1; Tel. 3 10 71 80; www.mondial.at/apartment; Straßenbahn: Linien 5, 33; 16 Zimmer ●●

Parkhotel Schönbrunn
S. 114, westl. A 16
In der Nähe von Schloss und Park Schönbrunn wohnt man fast wie einst ein gekröntes Haupt. Hallenbad, Sauna, Solarium, Fitnessraum, Restaurant.
XIII., Hietzinger Hauptstr. 10–20; Tel. 8 78 04; www.austria-trend.at; U-Bahn: Hietzing; 394 Zimmer ●●

Schloss Wilhelminenberg
S. 108, westl. A 1
Wohnen in einem Herrschaftssitz aus dem 17. Jh. auf einem Hügel über Ottakring. Barocke Ausstattung der Räume, eigenes Restaurant. Im Sommer frühstücken Sie draußen auf der Terrasse – schönere Frühstücksplätze hat die Stadt nicht zu bieten.
XVI., Savoyenstr. 2; Tel. 4 85 85 03; www.austria-trend.at/wiw; Bus: 46 B/146 B; 87 Zimmer ●●

Suitehotel
S. 112, C 9
Das Haus der französischen Hotelkette Accor lädt zum Wohlfühlen ein. Viele preiswerte Übernachtungsangebote in 30 qm großen Suiten. Diese verfügen alle über einen eigenen Internetzugang.
II., Radingerstr. 2; Tel. 24 58 80, www.suite-hotel.com; U-Bahn: Vorgartenstraße; 158 Suiten ●●

HOTELS ●

Kugel
S. 115, F 13
Kleines, gemütliches Hotel in der Nähe des Spittelbergs und nicht weit vom Zentrum. Einfache Zimmer mit Farb-TV und Dusche oder Bad; auch einige romantische Himmelbettzimmer. Bietet für die Lage ein optimales Preis-Leistungs-Verhältnis.
VII., Siebensterngasse 43; Tel. 5 23 33 55; www.hotelkugel.at; Straßenbahn: 49; 34 Zimmer ●

Pension Dr. Geissler
S. 111, E 7
Nette, kostengünstige Pension im 1. Bezirk, Zimmer teilweise ohne Dusche und WC. Garage.
I., Postgasse 14; Tel. 5 33 28 03; www.hotelpension.at; Straßenbahn: Linie 1; 23 Zimmer ●

Pension Wild
S. 109, F 3
Nette, schwulenfreundliche Pension, nicht weit vom Zentrum.
VIII., Lange Gasse 10; Tel. 4 06 51 74; www.pension-wild.com; U-Bahn: Lerchenfelderstraße; 21 Zimmer ●

Post
S. 111, E 7
Gemütliche Zimmer – und erfreulicherweise etwas billiger als sonst in diesem Teil Wiens üblich. Einige Zimmer verfügen noch nicht über Bad und WC. Eigenes Restaurant.
I., Fleischmarkt 24; Tel. 51 58 30; www.hotel-post-wien.at; U-Bahn: Stephansplatz; 104 Zimmer ● ♿

wombat's The Base
S. 114, C 14
Kostengünstiges Hostel nahe dem Westbahnhof (ein zweites Hotel dieses Typs – The Lounge – liegt in der Mariahilferstraße). Viel junges und internationales Publikum. Ein Gratis-Willkommensdrink in der womBar sind inklusive. Nichts für Ruhebedürftige, die früh ins Bett möchten.
XV., Grangasse 6; Tel. 8 97 23 36-30; www.wombats-hostels.com; U-Bahn: Westbahnhof; 75 Zimmer ● ♿

Essen und Trinken

Wiener Schnitzel und Tafelspitz – dafür ist Wien zu Recht in aller Welt berühmt.

Neuauflage eines alten Literaten-Kaffeehauses: Das Café Central (→ S. 22) im Palais Ferstel wurde traditionell renoviert, für manche ist es fast zu kitschig-wienerisch.

Es ist noch nicht so lange her, da war die Wiener Küche eine Kleinbürgerküche, fett, fantasielos und mit viel Fleisch; das hat sich vor gut 20 Jahren geändert. Als Nachwehe der minimalistischen Nouvelle Cuisine orientierte man sich damals in Österreich wieder an den traditionellen Rezepten, derer es in Wien aus allen Teilen der ehemaligen Monarchie viele gab und gibt. Man modelte sie ein wenig um, verwendete beste Zutaten, bereitete die Speisen auf leichte Weise zu und verringerte die Portionen. Besonders die Rindfleisch-Rezepte wurden kreativ überarbeitet. Und siehe da, die neue Wiener Küche ward geboren und bekam europaweit exzellente Kritiken!

Anfangs waren es nur einige Spitzenrestaurants, aber im Laufe der Jahre sprach sich die Küchenkunst bis in die unteren Regionen des Kocholymp herum – und inzwischen kann man sogar in vielen Beisln hervorragend essen. Apropos **Beisl**: Das kleine Wirtshaus um die Ecke – vielleicht vom sozialen Anspruch einem britischen Pub ähnlicher als einem »normalen« Gasthaus – diente als Treffpunkt der Wiener, um zu trinken, zu essen, zu diskutieren oder die Zeit totzuschlagen. Das hat sich bis heute nicht geändert.

Ist es um die Beislkultur also nicht schlecht bestellt, so sieht es bei den berühmten Wiener **Kaffeehäusern** leider nicht ganz so rosig aus: Zwar konnte die Entwicklung der Siebziger- und Achtzigerjahre, als Supermärkte und Banken die schönen Standorte der Wiener Cafés – vor allem an der Ringstraße – für sich eroberten, vorerst aufgehalten werden, aber immer wieder sperren die alten Traditionscafés zu (zuletzt das legendäre Brioni, wo Doderer an seiner »Strudlhofstiege« schrieb).

Natürlich gibt es auch Gegenbeispiele: Aus dem alteingesessenen Café Haag wurde nach einem Pizzaketten-Zwischenspiel inzwischen das stimmungsvolle Café im Schottenstift. Das Café Sperl gilt als mustergültig renoviertes Kaffeehaus, ebenso das kleine Café Goldegg im 4. Bezirk, das allein schon wegen seiner ruhigen Atmosphäre einen Abstecher lohnt. Und die klassisch-schönen Kaffeehäuser im 1. Bezirk sind ohnehin ein Muss.

Neben Beisl und Kaffeehaus die dritte Urform der Wiener Geselligkeit ist der **Heurige**: Wien ist ja die einzige Hauptstadt der Welt, die ein großes Weinanbaugebiet innerhalb der Stadtgrenzen ihr Eigen nennt. Seit Kaiser Joseph II. ist es den Winzern erlaubt, ihre Produkte während einiger Monate des Jahres selbst zu vermarkten. Als Zeichen, dass diese Zeit wieder angebrochen ist, kann der Winzer einen »Buschen ausstecken«, das heißt einen geschmückten Zweig vor die Tür hängen – daher stammt der Name **Buschenschank**. Als Qualitätsmerkmal ist neuerdings noch das Schild »Original Wiener Heuriger« hinzugekommen, das ebenfalls für Originalität bürgen soll.

Zwar gibt es noch immer Buschenschanken, die traditionell nur während einiger Monate ausgesteckt haben. Aber die meisten Heurigen sind inzwischen ganzjährig geöffnet. Eine Besonderheit dieses Lokaltyps ist, dass es auch tatsächlich den »Heurigen« ausschenkt, also den jungen Wein Marke Eigenbau (meist keine bestimmte Rebsorte, sondern eine Mischung aus allen, die im eigenen Weingarten wachsen), und dazu kalte oder warme Speisen anbietet, meist zur Selbstbedienung am Buffet – von verschiedenen delikaten Aufstrichen bis zu knusprigen Schweinestelzen.

Die »Stadtheurigen« sind fast alle in den tiefen Kellern des I. Bezirks angesiedelt; ein Wiener versteht freilich unter einem Heurigen ausschließlich ein stimmungsvolles Lokal in den Weingärten von **Neustift**, **Nußdorf**, **Heiligenstadt** oder auch (trotz der Touristenbusse) **Grinzing**, in dem es traditionellerweise erlaubt ist, eigene

Speisen mitzubringen und an Ort und Stelle nur den Wein zu bestellen. Im besten Fall genießt man von der Terrasse einen schönen Blick über Wien.

Ein Wort zu den Essgewohnheiten: Nicht wenige Wiener nehmen üblicherweise Vorspeise (meist eine Suppe), Hauptgericht und Dessert zu sich (meist eine Mehlspeis', wie man die meisten Süßspeisen in Wien nennt – dabei muss übrigens keineswegs Mehl darin verarbeitet worden sein). Mittags werden in vielen Lokalen – auch in den Kaffeehäusern – günstige Menüs angeboten, fast während des ganzen Tages gibt es auch einen »Tagesteller«.

In Wien gibt es auch noch eine vierte Tagesmahlzeit: die **Jause** (Brotzeit), eine Zwischenmahlzeit am Vor- oder Nachmittag, oftmals auch als Kaffeepause mit einer Mehlspeis' in einer Café-Konditorei genossen. Man beachte hierbei aber bitte den Unterschied zwischen Kaffeehaus und Café-Konditorei (→ Reiseknigge, S. 102)!

Gasthäuser und Restaurants ●●●●

Drei Husaren → S. 111, D 8
Drei Dutzend Vorspeisen zur Auswahl, und den kulinarischen Genuss untermalt ein Klavierspieler. Seit langer Zeit eines der besten Restaurants der Stadt. Traditionelle Küche, leichte eigene Kreationen.
I., Weihburggasse 4; Tel. 5 12 10 92-0; www.drei-husaren.at; U-Bahn: Stephansplatz; tgl. 12–15 und 18–23 Uhr ●●●●

Restaurant Coburg → S. 111, D 8
Küchenchef Christian Petz wurde schon als »Koch des Jahres« ausgezeichnet. Im stilvollen Ambiente des Palais Coburg interpretiert er klassische Speisen modern und innovativ. Im angeschlossenen Weinbistro werden Frühstück und kleine Gerichte serviert.
I., Coburgbastei 4; Tel. 51 81 88 00; www.coburg.at; U-Bahn: Stubentor; Restaurant: Mi–Sa 18.30–24 Uhr; Weinbistro: tgl. 8–24 Uhr ●●●●

Steirereck → S. 111, E 8
Wiens kulinarische Nummer eins tischt neue österreichische Küche auf. Das sternbekränzte Steirereck ist mittags und abends geöffnet. Vorbestellung ist unbedingt erforderlich.
III., Meierei im Stadtpark; Tel. 7 13 31 68; www.steirereck.at; U-Bahn: Stadtpark; Mo–Fr 11.30–13.30 und ab 18.30 Uhr; Essbar: Mo–Fr ab 17 Uhr ●●●●

Unkai → S. 117, D 17
Exzellenter Japaner im siebten Stock des Grand Hotels. Sushi, Sashimi und Grillspezialitäten haben ihren Preis, die artistischen Einlagen des Kochs sind inklusive. Jeden Samstag und Sonntag Sushi-Brunch.
I., Kärntner Ring 9; Tel. 5 15 80 91 10; www.unkai-grandhotel.com; U-Bahn: Karlsplatz/Oper; tgl. 12–14.30 und 18–22.45 Uhr, Mo mittags geschl. ●●●●

Gasthäuser und Restaurants ●●●

Do & Co → S. 111, D 8
Das bekannteste unter den durchgestylten neueren Wiener Restaurants – zweimal in Wien vertreten. In Architekt Holleins Haas-Haus (→ Sehenswertes, S. 50) z. B. gibt's Fisch, Mediterranes, aber auch Wiener Schnitzel.
I., Haas-Haus, Stephansplatz 12; Tel. 5 35 39 69/18; www.doco.com; U-Bahn: Stephansplatz; tgl. 12–15 und 18–24 Uhr ●●●

Hansen → S. 110, C 6
Nobles Restaurant in der Säulenhalle der Wiener Börse. Dementsprechend ist auch das Publikum. Die Küche vermischt gekonnt Europäisch-Mediterranes mit Asiatischem.
I., Wipplingerstr. 34; Tel. 5 32 05 42; www.vestibuel.at; U-Bahn: Schottentor; Mo–Fr 9–21, Sa 9–17 Uhr ●●●

Hietzinger Bräu → S. 59, a 2
Ein Klassiker unter den Restaurants: »Rindfleisch wie zu Kaisers Zeiten« lautet das Küchenmotto – Sie haben die Wahl zwischen gekochten, gesottenen, gebratenen und gedünsteten

Spezialitäten, die angeblich nirgendwo in Wien besser zubereitet werden.
XIII., Auhofstr. 1; Tel. 87 77 08 70; www.plachutta.at; U-Bahn: Hietzing; tgl. 11.30–14.30 und 18–22.30 Uhr, Sa, So und Fei durchgehend geöffnet ●●●

Kim kocht S. 109, nördl. E 1
Chefköchin Sohyi Kim gab dem Lokal ihren Namen, und sie bestimmt auch die Linie: gehobene Asien-Küche.
IX., Lustkandlgasse 4; Tel. 3 19 02 42; www.kimkocht.at; U-Bahn: Währinger Straße; Di–Fr 12–15 und 18–24 Uhr ●●●

Mraz & Sohn S. 111, nördlich E 5
Familienbetrieb, für den sich der Weg in den 20. Bezirk lohnt: kreative Gerichte, leicht und modern, in einem elegant-heimeligen Ambiente serviert.
XX., Wallensteinstr. 59; Tel. 3 30 45 94; www.mraz-sohn.at; U-Bahn: Jägerstraße; Mo–Fr 11–15, 18.30–24 Uhr ●●●

Restaurant Walter Bauer S. 111, D 7
Von Patron Walter Bauer liebevoll geführtes Restaurant mit gehobener österreichischer Küche mit neuen Nuancen (»Szegedinergulasch mit Hummer«), auch vegetarisch. Es wird eine Weinkarte geboten.
I., Sonnenfelsgasse 17; Tel. 5 12 98 71; U-Bahn: Schwedenplatz; Di–Fr 12–15 und 18–24, Sa, Mo 18–24 Uhr ●●●

Zu den Drei Hacken S. 111, E 8
Das traditionsreiche Lokal gilt als eines der besten Beisln Wiens mit guter und typischer Küche.
I., Singerstr. 28; Tel. 5 12 58 95; U-Bahn: Stephansplatz; tgl. 11.30–23 Uhr, So geschl. (außer Nov. und Dez.) ●●●

Zum Schwarzen Kameel S. 110, C 7
Starkoch Christian Domschitz veredelt die Küche dieses Traditionsbetriebes.
I., Bognergasse 5; Tel. 5 33 81 25; www.kameel.at; U-Bahn: Stephansdom; Mo–Sa 12–14.30, 18–22.30 Uhr ●●●

Gasthäuser und Restaurants ●●

Artner S. 111, D 8
Die Winzerfamilie serviert Tafelspitz und frischen Fisch. Dazu gibt's Wein und Produkte aus der eigenen Käserei.
I., Franziskanerplatz 5; Tel. 5 03 50 34; www.artner.co.at; U-Bahn: Stephansplatz; tgl. 10–2 Uhr ●●

Im neu umgebauten, stilsicher gestalteten Restaurant Kim kocht kocht Kim eine moderne Mischung aus asiatischen, österreichischen und internationalen Gerichten.

Inmitten des ersten Bezirks sitzt man im Palmenhaus bei tropischem Ambiente.

Fabio's ⇢ S. 110, C 7
Designerlokal mit leichter, aber niveauvoller mediterraner Küche. Weinkenner werden in der dazugehörigen Bar & Lounge fündig.
I., Tuchlauben 6; Tel. 5 32 22 22; www.fabios.at; U-Bahn: Stephansplatz; Mo–Sa 12–23.30 Uhr, Lounge 10–1 Uhr ••

Hedrich ⇢ S. 111, E/F 7
Man sieht es dem Lokal nicht an, dass hier ein Spitzenkoch am Werk ist. Doch Richard Hedrich serviert die besten Rindsrouladen weit und breit!
I., Stubenring 2; Tel. 5 12 95 88; Straßenbahn: Linie 1; Mo–Do 11–21, Fr 11–15 Uhr ••

Meixner's Gastwirtschaft ⇢ S. 117, südl. D 20
Hinter dem Amalienbad liegt diese alteingesessene Wiener Wirtschaft: Beste Zutaten werden von Berta Meixner edel zubereitet, Ehemann Karl sorgt für die Getränkeauswahl.
X., Buchengasse 64; Tel. 6 04 27 10; www.meixners-gastwirtschaft.at; U-Bahn: Reumannplatz; tgl. 11–23 Uhr ••

Palmenhaus ⇢ S. 110, C 8
Café, Brasserie und Restaurant in einem mit bestechend guter Lage: Man blickt auf den Burggarten; Hofburg und Albertina liegen gleich um's Eck.
I., Burggarten; Tel. 5 33 10 33; www.palmenhaus.at; U-Bahn: Museumsquartier; März–Sept. tgl. 10–23 Uhr, Okt.–Feb. auf Anfrage ••

Vestibül ⇢ S. 110, B 7
Neue österreichische Küche im Seitentrakt des Burgtheaters – nicht nur bei Theatergängern sehr beliebt.
I., Dr. Karl-Lueger-Ring 2; Tel. 5 32 49 99; www.vestibuel.at; U-Bahn: Herrengasse; Mo–Fr 11–23 Uhr ••

Weibels Wirtshaus ⇢ S. 111, D 8
Günstige Tagesteller, dazu eine einmalige Auswahl an österreichischen Weinen – auch glasweise.
I., Kumpfgasse 2; Tel. 5 12 39 86; U-Bahn: Stephansplatz; tgl. 11–23.30 Uhr ••

Wiener Kochsalon ⇢ S. 111, D 7
Vegetarische Küche vom Feinsten, aber auch Fleisch und Fisch.
I., Bauernmarkt 10; Tel. 5 33 15 26; www.wiener-kochsalon.at; U-Bahn: Stephansplatz; Mo–Fr 12–16, 18–23, Sa 18–23 Uhr ●●

Zum Finsteren Stern ⇢ S. 110, C 7
Wer kosmopolit speisen will, ist hier richtig: Ella de Silva kocht mit viel Liebe und Kreativität; die Speisekarte wechselt täglich.
I., Schulhof 8; Tel. 5 35 21 00; U-Bahn: Stephansplatz; Mo–Sa 18–24 Uhr ●●

Gasthäuser und Restaurants ●

Medl-Bräu ⇢ S. 114, westl. A 14
Die Brauerei ist das Lokal, der Gastgarten sehr gemütlich. Das Medl-Bräu ist zweifellos etwas ganz Besonderes – nämlich der erfüllte Traum des Lottogewinners Johann Medl: Mit dem Geld der Glücksfee begann er sein eigenes süffiges Bier zu brauen.
XIV., Linzer Str. 275; Tel. 9 14 43 40; www.medl-bräu.at; Straßenbahn: 49; tgl. 16–24 Uhr, So und Fei geschl. ●

Schweizerhaus ⇢ S. 112, A 10
Im klassischen Prater-Wirtshaus (seit 1873) serviert man Budweiser vom Fass, dazu Wiener Schweineschnitzel mit Salat. Bekannt ist das Haus aber vor allem für seine gegrillten Stelzen (Schweinshaxen). Großer Gastgarten.
II., Prater 116; Tel. 7 28 01 52; www.schweizerhaus.at; U-Bahn: Praterstern; Mo–Fr 11–23, Sa und So 10–23 Uhr ●

Eisdielen

Gelateria Zanoni ⇢ S. 111, D 7
Der beste italienische Eissalon Wiens befindet sich mitten im »Bermudadreieck«: Vom Eis bis zum Personal ist alles »tipico italiano«.
I., Lugeck 7; Tel. 51 27 97 90; U-Bahn: Stephansplatz; tgl. 7–24 Uhr

Tichy ⇢ S. 117, südl. E 20
Immer noch eine echte Institution. Hier gibt es das beste hausgemachte Eis von Wien – und das seit Jahrzehnten in unveränderter Qualität.
X., Reumannplatz 13; Tel. 60 44 44 60; U-Bahn: Reumannplatz; tgl. 10–23 Uhr, Okt.–März geschl.

Heurige

Mayer am Pfarrplatz ⇢ S. 82, f 3
In diesem Haus verbrachte Beethoven 1817 einige Monate. Heute ist hier im Garten unter Kastanienbäumen einer von Wiens Nobelheurigen. Hervorragende Weine und verschiedene süße und pikante Strudel vom Buffet.
XIX., Pfarrplatz 2; Tel. 3 70 33 61; www.pfarrplatz.at; Straßenbahn: 38 A; Mo–Sa 16–24, So und Fei 12–24 Uhr

Schübel-Auer ⇢ S. 82, f 2
Einer der gemütlichsten Heurigen der Stadt liegt an der Endstation der Straßenbahn D: Wenn die letzte Tram in die City fährt, sperrt auch das Lokal zu. Gemütlicher Gastgarten, gute Weine, großes Buffet.
XIX., Kahlenberger Str. 22; Tel. 3 70 22 22; www.schuebel-auer.at; Straßenbahn: 3; Di–Sa 16–24 Uhr, So, Mo sowie 22. Dez.–1. Feb. geschl.

Sirbu ⇢ S. 82, nördl. c 1
Seine pittoreske Lage über Wien und den Weinbergen von Grinzing und Nußdorf hat dem Sirbu viele Stammgäste beschert. Kalte und warme Köstlichkeiten vom Buffet.
XIX., Kahlenberger Str. 210; Tel. 3 20 59 28; Straßenbahn: 38 A; tgl. 15–24 Uhr, So, Fei und Nov.–April geschl.

Winzerhof Leopold ⇢ S. 112, nördl. A 9
Ein traditioneller Wiener Buschenschank in Stammersdorf, Wiens größtem Weinbaugebiet: exzellente Weißweine aus eigenem Anbau von Leopold Klager, guter Riesling-Sekt.
XXI., Stammersdorfer Str. 18; Tel. 2 92 13 56; www.winzerhof-leopold.at; Straßenbahn: 31; tgl. 14–24 Uhr (nur in geraden Monaten des Jahres)

MERIAN-Tipp

2 Wiener Würstlstände

»A klasse Hasse«, so heißt auf gut Wienerisch ein Paar Würstchen; gegessen werden sie am liebsten am Würstlstand, mit Senf und einer Semmel. Neben Frankfurtern und Debrezinern sind auch die größeren Sacherwürstl und das Burenhäutl im Angebot. Standard sind außerdem Krainer und Käsekrainer. Die besten Würstl gibt's vor der Albertina, am Schwarzenbergplatz vor dem Palais Ludwig Viktor und am Hohen Markt. Bei vielen Buden ist übrigens fast bis zur Morgendämmerung was los, und grundsätzlich stehen hier vom Theaterbesucher bis zum Sandler alle Hungrigen einträchtig nebeneinander.

Zwölf-Apostelkeller → S. 111, D 7
Teile des Gewölbes in diesem beliebten Stadtheurigen sind 900 Jahre alt, die Fassade stammt von Lukas von Hildebrandt.
I., Sonnenfelsgasse 3; Tel. 5 12 67 77; www.zwoelf-apostelkeller.at; U-Bahn: Stephansplatz; tgl. 11–24 Uhr, 24. Dez. geschl.

Kaffeehäuser und Café-Konditoreien

Café Central → S. 110, C 7
Spötter sagen, dies sei die Disney-Version eines Kaffeehauses ... Doch wer nicht unbedingt ein echtes Wiener Café haben will, dem wird die Innenarchitektur mit den Säulen recht gut gefallen.
I., Herrengasse/Strauchgasse (im Palais Ferstel); Tel. 5 33 37 63/24; U-Bahn: Herrengasse; Mo–Sa 7.30–22, So und Fei 10–22 Uhr

Demel → S. 110, C 8
Wer an exzellente Wiener Mehlspeisen denkt, der denkt an Demel. Von der Sachertorte bis zur Schwarzwälder Kirsch – alle teuren Leckereien gibt es auch zum Mitnehmen. Das barocke Ambiente ist noch immer ein bevorzugter Treffpunkt gesetzter älterer Damen mit kleinem Hund.
I., Kohlmarkt 14; Tel. 5 35 17 17; U-Bahn: Herrengasse; tgl. 10–19 Uhr, 24. Dez. 10–14 Uhr

Frauenhuber → S. 111, D 8
Das älteste noch existierende Kaffeehaus der österreichischen Hauptstadt (seit 1824). Dementsprechend original ist auch das Interieur: die Plüschbänke, die Holzvertäfelung – und sogar der Oberkellner scheint aus einer anderen Zeit zu stammen.
I., Himmelpfortgasse 6; Tel. 5 12 83 83; U-Bahn: Stephansplatz; Mo–Sa 8–24, So und Fei 10–22 Uhr

Hawelka → S. 110, C 8
Das wohl berühmteste Kaffeehaus der ganzen Stadt und von Georg Danzer besungen. An den Wänden hängen noch die Bilder, mit denen Künstler einst ihre Rechnungen bezahlt haben.
I., Dorotheergasse 6; Tel. 5 12 82 30; U-Bahn: Stephansplatz; Mo, Mi–Sa 8–2, So 10–2 Uhr

Kurkonditorei Oberlaa → S. 110, C 8
Die Stadtfiliale der renommierten Kurkonditorei gilt als beste ihrer Art in ganz Österreich.
I., Neuer Markt 16; Tel. 5 13 29 36-0; U-Bahn: Stephansplatz; tgl. 8–20 Uhr

Landtmann → S. 110, B 7
Sehr gediegen, viel Flair, man kann aber immer noch in Ruhe Zeitung lesen. Die Melange ist hier aber schon durchaus eine größere Investition.
I., Dr.-Karl-Lueger-Ring 4; Tel. 2 41 00; U-Bahn: Rathaus; tgl. 7.30–24 Uhr

Sperl → S. 116, B 17
Eines der schönsten Kaffeehäuser der Stadt; ein Teil gehört den Zeitungslesern, der andere den Billardspielern.
VI., Gumpendorfer Str. 11; Tel. 5 86 41 58; Straßenbahn: 57 A; Mo–Sa 7–23, So 11–20 Uhr (Juli und Aug. So geschl.)

MERIAN *live!*-QUIZ

GEWINNSPIEL: Monat für Monat eine Reise und weitere attraktive Preise zu gewinnen!

Um wen, was oder welchen Ort geht es hier?

»Wiens Hang zum Morbiden dürfte dem berühmten Gesuchten nicht entgangen sein… Eine Einladung zum Taubenvergiften im Park, die Georg Kreisler besingt, kann es nur in Wien geben, ebenso, als merkwürdiges Ziel für Familienausflüge, den abseits gelegenen Zentralfriedhof. Die Tramlinie 71, legendärer Zubringer zu Europas größtem Gottesacker, führte früher eigene Waggons für Särge mit.

Die »schöne Leich« machte erst recht nicht vor den Habsburgern halt. In der Kapuzinergruft wurden viele dennoch unvollständig bestattet: ihre Zentralorgane finden sich im Herzgrüftl der Augustinerkirche, die Eingeweide im Stephansdom. So viel Makabres brauchte ein Ventil, das die Belle Epoque in Arthur Schnitzler (»Reigen«, »Traumnovelle«) fand, der auch die amouröse Seite des Wiener Gemüts zeigte. Er ergänzte perfekt seinen hier gesuchten Zeitgenossen.

Weder in Wien geboren noch gestorben (beigesetzt in London), wird die Mentalität der Stadt die revolutionären Ideen des Gesuchten beflügelt haben, die sowohl den Tod als auch die Lust ins Visier nahmen. Und alles, was dazwischenliegt. (Schade nur, dass im Museum seiner einstigen Adresse ein gepolstertes Exponat fehlt.)

Die Promotion des Gesuchten (»Über das Rückenmark niederer Fischarten«) könnte eine Vorübung gewesen sein, noch Unsichtbareres zu sezieren. Wie auch immer: Schnitzler schrieb ein Stück, dessen Titel auf das Arbeitsfeld des Gesuchten gemünzt war: »Das weite Land«.«

Felix Woerther

Wenn Sie die Lösung wissen, besuchen Sie uns doch im Internet unter **www.merian.de/quiz** oder senden Sie uns eine E-Mail an **quiz@travel-house-media.de**

Unter den Einsendern verlosen wir Monat für Monat attraktive Preise. Viel Glück!

presented by **OLYMPUS**

Einkaufen

Alles da – vom kleinen Laden in der City bis zum durchgestylten Einkaufszentrum am Stadtrand.

Im architektonisch interessanten Mix aus Alt und Neu des Kaufhauses Gasometer City (→ S. 27) finden sich neben Geschäften, Kino und Restaurants auch schicke Büros.

Den Ruf einer Einkaufsmetropole wie Paris, Mailand oder London genießt Wien zwar nicht unbedingt – meist kommt man eher der Kultur wegen in die Donaustadt. Wenn man **Mode** will, muss man jedenfalls nicht unbedingt nach Wien, aber man kann: Mit Fred Adlmüller oder Helmut Lang hat die Stadt zwei namhafte Modeschöpfer hervorgebracht. Sie können sich auch bei den innovativeren Modellen junger österreichischer Designer umschauen oder aber klassische österreichische **Tracht** und **Leder** beziehungsweise **handgefertigte Schuhe** als Souvenir mit nach Hause nehmen. Hervorragendes eigenständiges Design findet man darüber hinaus bei **Schmuck, Accessoires** und **Möbeln**, teilweise antiken Biedermeier- und Jugendstilmöbeln, die allerdings auch ihren Preis haben. Wer Billiges erwerben will, geht am besten auf den **Flohmarkt**, allerdings stößt man hier selten auf Raritäten; die haben meist schon einen Kenner gefunden, bevor sie hier gelandet wären. Eine Besonderheit ist natürlich das **Dorotheum**: Hier kann man Kunst und Möbel zu einem angemessenen Preis ersteigern oder in einem der Shops kaufen. Die renommierte **Porzellanmanufaktur Augarten** hat in Wien ihren Stammsitz; hier werden auch kleine Mitbringsel wie Porzellan-Lipizzaner hergestellt.

In Sachen **Sport** haben die Wiener Geschäfte viel zu bieten: Österreichische Skier und Wintersportmode genießen Weltruf, ebenso Jagdgeräte und -ausrüstung. Was man aber immer in Wien kaufen kann und auch sollte, sind hervorragende **kulinarische Produkte** aus der Region, wie Käse, Speck, Schnäpse oder Wein und Sekt: Eine Flasche Riesling aus dem Anbaugebiet im Norden Wiens oder eine Bouteille Sekt der bekannten Kellerei Schlumberger sind Mitbringsel, die garantiert gute Erinnerungen an Wien wach halten.

Die Mitarbeiter der Geschäfte sind normalerweise von 9 bis 18, teils von 9 bis 19 Uhr für ihre Kunden da, am Samstag meist von 9 bis 17 Uhr. Es gibt aber auch abweichende Regelungen; so bleiben etliche Shops an manchen Tagen der Woche bis 20 Uhr geöffnet oder sperren erst um 10 Uhr auf.

ANTIQUITÄTEN

Alt-Österreich → S. 111, D 8

In diesem kleinen Kellergeschäft in der Nähe vom Café Frauenhuber findet man alles über Film und Theater, Autogramme, Postkarten, Bücher und Relikte aus der k.u.k.-Zeit.

I., Himmelpfortgasse 7; U-Bahn: Stephansplatz

Dorotheum → S. 110, C 8

Eines der größten und ältesten Auktionshäuser der Welt für Kunst, Möbel und Schmuck mit mehr als 600 Auktionen pro Jahr. Gegründet 1707 von Kaier Joseph I. Gehen Sie ruhig hinein, und sehen Sie bei einer Versteigerung zu – das ist meist sehr erbaulich. Die »Tante Dorothee«, wie die Wiener ihre Pfandleihanstalt liebevoll nennen, hat auch Shops in ganz Wien: Dort kann man einkaufen wie in einem ganz normalen Geschäft. Versteigert wird auch via Internet: www.dorotheum.com.

I., Dorotheergasse 17; U-Bahn: Herrengasse

J. R. Klimscha → S. 110, C 8

Wer auf der Suche nach einer ganz bestimmten antiken Uhr ist, sollte sich mit J. R. Klimscha in Wien in Verbindung setzen: fast nichts, was er nicht auftreiben kann.

I., Dorotheergasse 13/10; U-Bahn: Herrengasse

BÜCHER

Frick → S. 111, D 8

Große Auswahl an Literatur, Fach- und Sachbüchern, aber auch CD-Roms und Videos auf drei Etagen.

I., Graben 27; U-Bahn: Stephansplatz

Qualität und Plunder, Kunst und Kitsch – die Verkaufs- und Ausstellungsräume des Dorotheums (→ S. 25) sind eine Fundgrube für Schnäppchenjäger.

Leporello → S. 110, B 6
Mit Sachkenntnis geführte Buchhandlung am Gürtel mit großer Auswahl. Im Kellergewölbe finden Lesungen statt. Die kleine Filiale im Burgtheater hat an Theatertagen von 17 bis 22 Uhr geöffnet.
IX.; Liechtensteinstr. 17/Ecke Berggasse; U-Bahn: Schottentor; Mo–Fr 10–18.30, Sa 10–13 Uhr

Morawa → S. 111, D 8
Zeitschriften, Zeitungen und Bücher – ein Riesenangebot in vielen Sprachen.
I., Wollzeile 11; U-Bahn: Stephansplatz

Shakespeare & Co → S. 111, D 7
Alles, was englischsprachig ist und was man in Wien sonst nur schwer bekommt, kann man hier erstehen – von Büchern über Comics bis zu Zeitschriften. Auch Literatur zu Wiener Themen.
I., Sterngasse 2; U-Bahn: Schwedenplatz

Geschenke

Altmann & Kühne → S. 111, D 8
Handgefertigtes Konfekt in fantasievoller Verpackung, zum Beispiel geschmackvoll bemalte Schmuckschatullen oder Nähkästchen.
I., Graben 30; U-Bahn: Stephansplatz

Lobmeyr → S. 111, D 8
Ob Kristallgläser, fantasievolle Trinkbecher oder die Kronleuchter der Wiener Staatsoper, alles stammt aus der traditionsreichen Manufaktur Lobmeyr. Im angeschlossenen kleinen Museum kann man die Geschichte der Glasbläserkunst verfolgen – natürlich am Beispiel der seit 1823 existierenden Firma Lobmeyr. Die Front des Hauses ist übrigens eines der letzten original erhaltenen Geschäftsportale der Kärntner Straße.
I., Kärntner Str. 26; U-Bahn: Stephansplatz

MAK Design Shop → S. 111, E 8
Junges österreichisches Design im Laden des Museums für Angewandte Kunst (→ Museen, S. 68): von Buchstützen über Feuerzeuge und Postkarten bis hin zu Lampen. Das Sortiment wechselt schnell, öfter vorbeischauen lohnt sich also.
I., Stubenring 5; U-Bahn: Stubentor

das möbel ⇢ S. 110, A 8
In diesem Café kann man nicht nur seine Melange und ein Stück Torte genießen, sondern die Einrichtung und die Accessoires, gestaltet von jungen Designern, auch gleich kaufen. Alle paar Monate wird das Sortiment ausgetauscht.
VII., Burggasse 10; Tel. 5 24 94 97; Bus: 48 A; tgl. 10–1 Uhr

Kaufhäuser

Gasometer ⇢ S. 119, E 24
Wiens außergewöhnlichste Shopping Mall: Man flaniert zwischen den zu schicken Wohnungen und Büros umgewandelten wuchtigen Türmen der einstigen Gasometer, kauft Mode und hübsche Kleinigkeiten und beschließt den Abend im Kino, bei einem Konzert oder mit einem guten Essen im Restaurant.
XIII., Guglgasse; U-Bahn: Gasometer

Peek & Cloppenburg ⇢ S. 116, A 17
Designerware von Armani bis Joop! im ehemaligen Herzmansky-Gebäude in der Mariahilfer Straße. Darunter Wiens größter Boss-Shop.
VII., Mariahilfer Str. 26–30; U-Bahn: Neubaugasse

Ringstraßen-Galerien ⇢ S. 117, D 17
Die Gebäude der Ringstraße wurden zu einer Einkaufspassage der gehobenen Klasse verbunden: Spitzen-Haute-Couture, Schmuck und Accessoires sind hier zu erwerben. In Bars und Cafés kann man in überdachten Lichthöfen Pianomusik lauschen, oder man flaniert einfach durch die Gänge der stolzen Palais am Ring.
I., Kärntner Ring; U-Bahn: Oper/ Karlsplatz; Straßenbahn: Linie 1 und 2

Für Kinder

Dohnal – Haus des Kindes ⇢ S. 111, D 8
Designer-Kleidung und Spielsachen in bester Qualität.
I., Kärntner Str. 12; U-Bahn: Stephansplatz

Herzilein Wien ⇢ S. 115, F 13
Herziger Shop mit handgearbeiteter Kindermode und italienischen Schuhen für die Kleinen; passende Bekleidung und Accessoires für die Mama.
VII., Westbahnstr. 4; U-Bahn: Neubaugasse

Mary Kindermoden ⇢ S. 115, D 14
Modisches für die ganz Kleinen und schon etwas Größeren.
VI., Mariahilfer Str. 117; U-Bahn: Westbahnhof

Lebensmittel

Altmann & Kühne
→ Geschenke, S. 26

Meinl am Graben ⇢ S. 111, D 8
Feinkostgeschäft mit angeschlossenem Gourmetrestaurant. Gute Qualität zu moderaten Preisen, auch eine große Auswahl an Weinen.
I., Graben 19; U-Bahn: Stephansplatz

Schönbichler ⇢ S. 111, E8
Traditionelle Teehandlung mit zauberhaftem Ambiente; über 150 Tee-

MERIAN-Tipp

3 Einkaufstempel Steffl

Mit dem Steffl hat Wien sein Jahrhundertwende-Kaufhaus in neuem Kleid zurückerhalten: Auf 14 000 Quadratmetern findet man Trachtenmode, Avantgarde, Designer aus London, Paris und Wien, Accessoires, einen Mediashop über zwei Etagen, Wiener Kunsthandwerk und auch kulinarische Genüsse: In der obersten Etage laden ein Nobelrestaurant und die Sky-Bar zu einem Blick über Wien ein. An der Stelle des Steffl stand einst Mozarts letztes Wohnhaus, in dem er 1791 starb; daran erinnern aber nur mehr ein paar Mozart-Souvenirs in den Andenkengeschäften.

I., Kärntner Straße 19; U-Bahn: Stephansplatz ⇢ S. 111, D 8

sorten aus aller Welt werden angeboten, darunter natürlich auch indische Darjeeling und grüne Tees aus China.

I., Wollzeile 4; U-Bahn: Stephansplatz

Trześniewski S. 111, D 7

Der Name ist zwar ein Zungenbrecher, die weltbekannten Brotaufstriche und kleinen Snacks (zum Mitnehmen oder im Lokal essen) aber ein Gedicht. Es gibt sechs Filialen, z. B.

I., Dorotheergasse 1; U-Bahn: Stephansplatz

Xocolat S. 110, C 7

Werner Meisinger hat die Schokoladenkultur in Wien salonfähig gemacht: Mehr als 130 Sorten Schokolade werden in diesem Geschäft angeboten. Daneben gibt es Dragees, Konfekt und Trinkschokolade, kurz: für jeden süßen Gaumen etwas.

I., Freyung 2; U-Bahn: Herrengasse

Lederwaren

R. Horn's Wien S. 110, C 8 und S. 117, D 17

In zwei Shops im I. Bezirk werden attraktive Stücke von österreichischen und internationalen Designern sowie Accessoires für Damen und Herren offeriert.

I., Bräunerstr. 7/Mahlerstr. 5; U-Bahn: Herrengasse

Living Vienna S. 111, D 8

Taschen, Schmuck, Wohnaccessoires und verschiedene Möbel aus der ganzen Welt.

I., Franziskanerplatz 6, U-Bahn: Stephansplatz

Märkte

Flohmarkt S. 116, B 18

Der schönste Flohmarkt der Stadt findet jeden Samstag (außer an Feiertagen) zwischen 6.30 und 18 Uhr an der Wienzeile statt, gleich hinter dem Naschmarkt. Neben alten Möbeln, Schmuck und Platten sind auch haufenweise alte Klamotten im Angebot. Aber auch nur das Bummeln zwischen den »Standeln« lohnt.

V., Wienzeile; U-Bahn: Kettenbrückengasse

Markt auf der Freyung S. 110, C 7

Der Lebensmittelmarkt im I. Bezirk findet am Dienstag und Donnerstag von 10 bis 18.30 Uhr (Mai bis November) statt; ein Bio-Bauernmarkt von Februar bis November jeden 1. Freitag und Samstag im Monat von 10 bis 18.30 Uhr.

I., Freyung; U-Bahn: Herrengasse

Naschmarkt S. 116, B 17/18

Wiens traditioneller Marktplatz blüht hier seit dem Jahr 1916. Blunz'n (Blutwurst) und Wildschweinschinken, Käse aus ganz Europa, im Eichenfass vergorener Apfelessig mit Honig und natürlich frisches Obst und Gemüse – hier gibt es alles, was das kulinarische Herz begehrt. Die Standlbetreiber sind zwar meist nicht mehr die urigen alten Marktweiber von einst, aber dafür atmet der Naschmarkt wieder das Flair des Vielvölkerstaats der Donaumonarchie. Das beste Lokal, um nach dem Marktbummel auszuruhen und einen kleinen Braunen zu trinken, ist das **Café Drechsler** gleich daneben an der Linken Wienzeile.

III., Naschmarkt; U-Bahn: Pilgrimgasse, Kettenbrückengasse

Mode

Doris Ainedter S. 111, D 8

Boutique für Österreichs erfolgreiche Frauen in einem 350-qm-Lifestylestore in der Nähe vom Stephansdom. Unter anderem Business- und Strickmode, Taschen und Accessoires.

I., Jasomirgottstr. 5; U-Bahn: Stephansplatz

Atil Kutoglu S. 109, F 3

1968 in Istanbul geboren, kleidet der in Wien lebende Designer auch Demi Moore und Sonja Kirchberger ein.

VIII., Lange Gasse 39; U-Bahn: Rathaus

Braun & Co → S. 111, D 8
Für Frau und Mann von Welt wird hier gediegene Kleidung für jede Gelegenheit, ob Geschäftsessen oder Oper, offeriert. Auch Dessous und Tischwäsche zählen zum Angebot. Sehenswert im Innern ist die prachtvolle historische Treppe.
I., Graben 8; U-Bahn: Stephansplatz

Cachil → S. 110, C 7
Die schönsten Damenhüte Wiens: viele Einzelstücke, klassische, aber auch Avantgarde-Kreationen der Designerin Waltraud Jungwirth.
I., Tuchlaubenhof 7a; U-Bahn: Stephansplatz

Hang Loose → S. 117, südl. D 20
Streetware, Skates und Snowboards, dazu coole Musik.
IV., Favoritenstr. 28; U-Bahn: Taubstummengasse

Hartmann → S. 111, D 8
Handgefertigte Brillen in bemerkenswertem Design für Mutige und Extravagante. Auch Kämme und Bürsten aus Horn und Holz in allen Farben und Formen. Die meisten Produkte stammen aus eigener Produktion, manches von internationalen Größen.
I., Singerstr. 8 (Eingang Liliengasse); U-Bahn: Stephansplatz

Helmut Lang → S. 111, D 8
Österreichs Modeschöpfer Nummer eins setzt in seiner Wiener Boutique auf schlichte Eleganz – nicht nur im Ambiente, auch in der Mode.
I., Seilerstätte 6; U-Bahn: Stephansplatz

Knize → S. 111, D 8
Traditionsreicher Damen- und Herrenschneider, natürlich auch entsprechend teuer. Neben Maßanfertigungen gibt es aber auch preiswertere Sakkos und Hemden von der Stange. Die prachtvolle Einrichtung stammt von Adolf Loos und Paolo Piva.
I., Graben 13; U-Bahn: Stephansplatz

nachbarin → S. 116, B 17
Entzückende Taschen und Mäntel von teils renommierten, teils aufstrebenden europäischen Designern.
VI., Gumpendorferstr. 17; U-Bahn: Museumsquartier

Auf der Galerie der zentral gelegenen Teehandlung Schönbichler können Gäste täglich erlesene Tees mit English Scone und Gurkensandwich verkosten.

Outfits vom Feinsten: Graben, Kärntner Straße (→ S. 53), Tuchlauben und Kohlmarkt sind Top-Adressen für Nobelmarken aus aller Welt.

Plankl ··· S. 110, C 8

Wiens ältestes Geschäft für Loden- und Trachtenkleidung aus dem Jahr 1830. Große Auswahl an klassischer Trachtenmode – und alles nur von den besten österreichischen Herstellern, zum Beispiel Geiger oder Giesswein aus Tirol.

I., Michaelerplatz 6; U-Bahn: Herrengasse

Tostmann ··· S. 110, B 7

Noch einmal klassische Trachten, Loden und alles, was zum Landhausstil passt.

I., Schottengasse 3a; U-Bahn: Herrengasse oder Schottentor

Musik

Diabolo Records ··· S. 114, südl. A/B 16

Wer altes Wienerisches sucht, wird hier fündig, aber auch (fast) jede andere Geschmacksrichtung ist im kleinen Geschäft oder im Online-Shop zu finden.

XII., Vivenotgasse 34; www.diabolo.at; U-Bahn: Meidling Hauptstraße

Ton um Ton ··· S. 116, A 17

Gebrauchtes, aber gebrauchsfähiges Vinyl und CDs ab den Sechzigern bis zu den Neunzigern. Fachkundige Beratung.

VII., Lindengasse 3; Straßenbahn: 49

Porzellan und Keramik

Augarten ··· S. 110, C 8

Neben Meißen die bekannteste Porzellanmanufaktur Europas. Außer dem Geschäft im I. Bezirk ist das Palais im Augarten sehenswert, wo die Manufaktur untergebracht ist und auch ein Detailverkauf stattfindet (→ Sehenswertes, S. 48). Hier werden die kleinen Porzellan-Lipizzaner hergestellt.

II., Obere Augartenstraße 1; U-Bahn: Schottenring

Dostal ··· S. 110, C 8

Gut sortiertes Antiquitätengeschäft, in dem man bei antiker Keramik fündig werden kann. Sogar Klassiker des Lilienporzellans sind noch zu bekommen.

I., Habsburgergasse; U-Bahn: Herrengasse

Schmuck

Heldwein → S. 111, D 8

Für alle, die es klassisch lieben – das Traditionsgeschäft Wiens schlechthin. Auch kostbare Stücke aus Nachlässen sind im Angebot. Durchweg Qualität, die freilich ihren Preis hat.

I., Graben 13; U-Bahn: Stephansplatz

Kieback → S. 111, E 8

Edler Schmuck im Design des Art déco und Jugendstils – mit dem Originalwerkzeug in Gold und Platin von Hand gefertigt.

I., Parkring 12a (im Hotel Marriott); Straßenbahn: Linie 1

A. E. Köchert → S. 111, D 8

Schon die funkelnden Edelsteine im Haar der Kaiserin Elisabeth, die auf einigen der berühmten Winterhalder-Gemälde zu sehen sind, stammten vom Juwelier Köchert. Der ehemalige k.u.k.-Hoflieferant produziert nun schon in sechster Generation. Das Geschäft am Neuen Markt ist auch auf Grund der zeitgenössischen Linien, die unter anderem vom Architekten Hans Hollein gestaltet wurden, einen Besuch wert.

I., Neuer Markt 15; U-Bahn: Karlsplatz/ Oper

Schullin → S. 110, C 8

In einem Gebäude, das ebenfalls Hans Hollein entwarf, hat sich der Schmuckdesigner Herbert Schullin ein Atelier eingerichtet: Die Werkstätte steht in der Tradition der Wiener Goldschmiedekunst und produziert moderne österreichische Preziosen.

I., Kohlmarkt 5; U-Bahn: Herrengasse

Schuhe

Ludwig Reiter → S. 110, B 7

In diesem Traditionsladen (seit 1885 wird produziert) erwirbt man handgenähte Schuhe vor allem für Herren, aber auch für Damen – meist im klassischen Design, unter den etwa 100 verschiedenen Modellen findet sich auch Ausgefalleneres. Das erste Paar Maßschuhe wird für etwa 850 € gefertigt, jedes weitere kostet dann nur 650 €.

I., Mölker Steig 1; U-Bahn: Herrengasse

Rudolf Scheer & Sohn → S. 110, C 8

Maßschuhe aus diesem noblen Geschäft gehören in Wien einfach zu einem großen Ball dazu.

I., Bräunerstr. 4; U-Bahn: Stephansplatz

Stoffe

Backhausen → S. 117, D 17

Backhausen lagert in seinem Archiv mehr als 3500 Originalentwürfe für Wohntextilien; ein Teil davon ist im neuen Museum im Untergeschoss zu sehen. Nicht zuletzt war die 1849 entstandene Firma auch bei der Gründung der Wiener Werkstätte beteiligt.

I., Schwarzenbergstr. 10; U-Bahn: Karlsplatz

Stattner & Führlinger → S. 111, D 8

Ein Lokalaugenschein bestätigt: Hier gibt's wirklich »der Welt schönste Stoffe«, wie die Besitzer stolz behaupten.

I., Singerstr. 8; U-Bahn: Stephansplatz

Wäsche

Palmers Paradise → S. 111, D 7

Hier findet man nicht nur bunte Wäsche von Palmers und anderen bekannten Dessous-Marken, sondern auch Kosmetika und Schmuck.

I., Rotenturmstr. 6; U-Bahn: Stephansplatz

Per La Donna → S. 110, C 7

Verführerisches Darunter von Malizia, La Perla u. a.

I., Judenplatz 5; U-Bahn: Stephansplatz

Triumph → S. 110, C 8

Im Flagshipstore der Traditionsmarke gibt es auf zwei Stockwerken viel Spitze für die Dame von Welt, aber auch die passende Unterwäsche für den Herren.

I., Graben 28; U-Bahn: Stephansplatz

Am Abend

Klassisches Theater, trendige Bars und Jazzclubs – die Wiener Szene ist sehr lebendig.

Früher fuhren die Besucher der Staatsoper (→ S. 37, 60) mit dem Fiaker vor, jetzt hält eine Trambahn direkt vor der Tür. Doch ganz gleich, wie die Anfahrt erfolgt, der Abend verspricht damals wie heute sehr festlich zu werden.

Einige »Pioniere« des legendären »Bermuda-Dreiecks« – Krah-Krah, Salzamt oder Roter Engel – gibt es immer noch, und wenn man das allabendliche Gedrängel sieht, mag man kaum glauben, dass diese Lokale bereits seit über 20 Jahren voll angesagt sind. Zwei der neueren Errungenschaften der Barszene sind in geschichtsträchtigen Teilen der Stadt entstanden: Eine Biergartenszene hat sich im alten AKH etabliert (→ Sehenswertes, S. 62) und eine Reihe trendiger Lokale in den Bögen der Stadtbahn am Gürtel – was gleichzeitig eine Revitalisierung des dortigen Rotlichtbezirks bedeutet.

Aber Wien hat natürlich weit mehr zu bieten als Bars, Diskotheken und Beisln. Gerade die Kultur zieht ja verstärkt Gäste nach Wien: Seien es die klassischen Opern in der Staatsoper, das renommierte Burgtheater, zugkräftige Musicals im Theater an der Wien oder schwungvolle Operetten in der Volksoper – das Programm ist vielfältig. Dazu kommen noch eine Reihe von Programmkinos und – im Sommer – die viel besuchten Freiluftkinos im Augarten, in der Arena oder am Rathausplatz. Und es soll noch Leute geben, die den Tag am liebsten beim Heurigen ausklingen lassen ...

Bars

Café Stein/Steins Diner

→ S. 110, B 6

Das hier servierte Langschläferfrühstück (7–20 Uhr) ist für manchen Wiener die wichtigste Mahlzeit des Tages. Schon in aller Früh' wird diskutiert und geschlemmt. So richtig viel los ist aber erst abends im Steins Diner.

IX., Währinger Str./Kolingasse; www.cafe-stein.com; U-Bahn: Schottentor; tgl. 7–1 Uhr, So 9–1 Uhr

Eden Bar

→ S. 111, D 8

Ein Klassiker mit dem bewährten Erfolgsrezept: Prominenz und schöne Frauen, aus den Lautsprechern dazu die Stimme von Frank Sinatra – und ziemlich gesalzene Preise. Hier herrscht Krawattenzwang!

I., Liliengasse 2; www.edenbar.at; U-Bahn: Stephansplatz; tgl. 22–4 Uhr

Loos American Bar

→ S. 111, D 8

Ein – im Laufe der Zeit etwas verändertes – Meisterwerk des Architekten Adolf Loos aus dem Jahre 1908: In stilvollerer Atmosphäre lässt sich ein Cocktail kaum genießen. Über die Preise in dieser wohl schönsten Bar der Stadt sollte man auf Grund des Ambientes hinwegsehen.

I., Kärntner Str. 8–10 (im Durchgang); www.loosbar.at; U-Bahn: Stephansplatz; tgl. 12–4 Uhr

Reiss Bar

→ S. 110/111, C/D 8

Allday- and Latenight-Treff in einer Seitenstraße der Kärntner Straße, unweit der Staatsoper. Im Sommer mit Schanigarten – für Gäste, die gerne gesehen werden wollen. Ideal zum Kontakteknüpfen. Standardgetränk ist übrigens Champagner.

I., Marco-d'Aviano-Gasse 1; www.reissbar.at; U-Bahn: Stephansplatz; So–Do 11–2, Fr–Sa 11–3 Uhr

Shultz

→ S. 115, F 13

Die beste American Bar der Stadt. Cocktails und Zigarren sind selbstverständlich, aber auch Hungrige werden hier vorzüglich versorgt. Trendy Publikum, das sich gerne im Schanigarten der Öffentlichkeit präsentiert.

VII., Siebensterngasse 31; www.shultz.at; Straßenbahn: 49; Mo–Sa 9–2 Uhr

Clubs und Diskotheken

Flex

→ S. 111, D 6

Die fettesten Bässe, die besten DJs der Szene und Liveauftritte – gute Argumente, um täglich die Tanzfläche am Donaukanal zu füllen. Tipp: Ins Flex gelangt man über die Abgänge an der Augartenbrücke und hinter der U-Bahn-Station Schottenring.

I., Donaukanal-Promenade; U-Bahn: Schottenring; tgl. 23–4 Uhr, Café 18–3 Uhr

Die Loosbar (→ S. 33) aus dem Jahr 1908, deren eleganter Stil heute noch modern wirkt.

Gasometerhalle → S. 119, E 24
Nach dem Umbau fanden in den ehemaligen Gasometern nicht nur Wohnungen, Shops und Büros Platz, sondern mit der Gasometerhalle wurde ein Ort für Auftritte internationaler Top-Acts und Clubbings geschaffen.
XI., Guglgasse 12; www.wiener-gasometer.at; U-Bahn: Gasometer; Programm nach Ankündigung

Prater Dome → S. 112, B 10
Wiens neueste und bei Weitem größte Disco. In dieser »Nachterlebniswelt« am Prater Vorplatz finden bis zu 5000 Menschen Platz. Musikalisch gibt es für fast jeden Geschmack etwas.
II., Riesenradplatz 7; www.praterdome.at; U-Bahn: Praterstern; Do–Sa 22–6 Uhr

Queen Anne → S. 111, D 8
Der Klassiker unter Wiens Nachtlokalen. Wenn Weltstars wie David Bowie in Wien zu Besuch sind, gehen sie ins Queen Anne. Breite Angebotspalette: Neben Evergreens gibt's auch Dancefloor-Nights und sogar Clubbings.
I., Johannesgasse 12; U-Bahn: Stephansplatz; tgl. 23–4 Uhr

U 4 → S. 114, südl. C 16
Beim Eingang zur U-Bahn Nummer 4 gelegen, verströmt die Disco noch immer etwas von der Atmosphäre der End-Siebzigerjahre, als sie als New-Wave- und Punk-Schuppen bekannt geworden ist. Heute tanzt man hier zu Musik jeder Couleur, und hin und wieder gibt's auch ein Livekonzert.
XII., Schönbrunner Str. 222; www.u-4.at; U-Bahn: Meidlinger Hauptstraße; tgl. 22–4 Uhr

Volksgarten → S. 110, B 8
Tanzpavillon im Stil der Fünfzigerjahre und Wiens erste Adresse fürs Clubbing. Neben Gastspielen namhafter DJs (House, Techno) wechselnde Events, entweder im Volksgarten-Pavillon oder in der »Disco«.
I., Burgring 1; Tel. 53 30 51 80; www.volksgarten.at; U-Bahn: Volkstheater; 22–4 Uhr (je nach Veranstaltung)

WUK → S. 110, A 5
Altbewährt und noch immer trendy: Auf über 12 000 qm wird im Werkstätten- und Kulturhaus nicht nur Livemusik jeder Schattierung geboten, hier

gibt es auch »Räume für Kinder, Künste und Kulturen ...«.
IX., Währinger Str. 59; www.wuk.at; U-Bahn: Währinger Straße/Volksoper; Infos: Tel. 40 12 10

Kinos

Burgkino S. 116, C 17
Im ältesten Kino der Stadt erwartet Sie ein anspruchsvolles Programm, alle Filme in Originalsprache.
I., Opernring 19; Tel. 5 87 84 06; www.burgkino.at; U-Bahn: Karlsplatz/Oper

Österreichisches Filmmuseum S. 110, C 8
Leckerbissen für Cineasten in einem komplett runderneuerten Kinosaal mit 163 komfortablen italienischen Polstersesseln.
I., Augustinerstr. 1; Tel. 53 37 05 60; www.filmmuseum.at; U-Bahn: Karlsplatz/Oper; Juli und Aug. geschl.

Votivkino S. 110, B 6
Hier genießt man die Filme noch in einem schönen alten Saal, was auch in Wien selten geworden ist. Anspruchsvolles und viele Originalfassungen.
IX., Währinger Str. 12; Tel. 3 17 35 71; www.votivkino.at; U-Bahn: Schottentor

Kneipen und Lokale

Alt-Wien S. 111, E 8
Tagsüber ein Kaffeehaus – abends ein Beisl. Dann ist die Luft rauchgeschwängert, die Musik lauter, und die Gäste sind jünger.
I., Bäckerstr. 9; U-Bahn: Stubentor; tgl. 10–2 Uhr

Die Halle S. 116, B 17
Modern gestalteter In-Treff im MuseumsQuartier. Im Café-Restaurant lässt es sich ziemlich gut essen und trinken – sogar Frühstück gibt's bis 16 Uhr.
VII., Museumsplatz 1; Tel. 5 23 70 01; U-Bahn: Volkstheater; tgl. 10–2 Uhr

Kleines Café S. 111, D 8
Der Schauspieler Hanno Pöschl hat das Lokal 1970 eröffnet. Ursprünglich bestand es aus nur zwei Stehtischen, inzwischen wurde ein wenig »vergrößert« (drei weitere Tische zum Sitzen). Abends Treffpunkt der Künstlerszene.
I., Franziskanerplatz 3; U-Bahn: Stephansplatz; tgl. 10–2, So 13–2 Uhr

Krah-Krah S. 111, D 7
Der »Urvater« der Wiener Innenstadt-Lokale, einer der ersten Szene-Treffs im »Bermuda-Dreieck« – und noch immer so beliebt und belebt wie seinerzeit am Anfang. Vor allem für die Jeunesse dorée gehört das Krah-Krah zu den Fixpunkten. 70 verschiedene Biersorten. 1
I., Rabensteig 8; U-Bahn: Schwedenplatz; tgl. 11–2, So 11–1 Uhr

rhiz S. 109, D 4
Hier wurde die Wiener Electronic-Szene geboren – und ihre Stars treten noch immer regelmäßig im rhiz auf. Auch sonst ist die Bar eines der trendigsten Lokale in den Stadtbahnbögen.
VIII., Lerchenfelder Gürtel, Stadtbahnbogen 37–38; U-Bahn: Thaliastraße; Mo–Sa 18–4, So 18–2 Uhr

Robert Goodmann S. 116, B 18
Der Klassiker unter den Durchmach-Lokalen. Gleich neben dem Naschmarkt feiert man in gepflegtem Ambiente – und mit Mainstream aus der Dose. Hier vermischen sich die letzten Überlebenden der Innenstadt-Nacht mit den Frühaufstehern. Kleine Gerichte fast rund um die Uhr.
IV., Rechte Wienzeile 23; U-Bahn: Kettenbrückengasse; tgl. 16–10 Uhr

Roter Engel S. 111, D 7
Mit dem Roten Engel hat Ende der Siebzigerjahre der Rummel um das Bermuda-Dreieck begonnen, und noch immer ist die gemütliche Bar der Treffpunkt der Wiener Szene und ihrer Trabanten. In der »Wein- und Liederbar« gibt es eine große Weinauswahl, dazu werden Käsehäppchen serviert.

MERIAN-Tipp

4 Clubkultur

Die Szene findet immer wieder neue Locations: Nach so illustren Plätzen wie dem Volksgarten oder der Meierei im Stadtpark wurde jüngst eine alte Fußgängerunterführung wiederentdeckt: die Babenberger-Passage unter der Ringstraße, zwischen Hofburg und Kunsthistorischem Museum. Nachdem sie jahrelang leer stand, wurde sie in einen Club verwandelt: **»Passage«** heißt er passend (oder auch fantasielos, je nach Einstellung) – mit futuristischem Ambiente, großer Lichtanlage und natürlich gepflegtem Clubsound auf den Plattentellern.

I., Opernring/Ecke Babenbergerstraße; Programm und Öffnungszeiten unter Tel. 9 61 88 00; U-Bahn: Museums-Quartier; Die Passage: www.sunshine.at, www.clubfusion.at → S. 116, B 17

Oft Livemusik, vor allem Jazz und Blues.

I., Rabensteig 5; U-Bahn: Schwedenplatz; tgl. 17–4 Uhr

Strandbar Herrmann → S. 111, F 7

Sandstrände in der Innenstadt – einer der schönsten liegt am Donaukanal nahe der Urania; tagsüber sonnt man sich im Liegestuhl, am Abend geht die musikalische Post ab.

II.; Herrmannpark; U-Bahn: Schwedenplatz; tgl. 10–2 Uhr (während der Sommermonate)

Wein & Co am Naschmarkt → S. 116, C 17

Flagship-Bar der gleichnamigen Weinhandelskette. Hier kann man – umringt von Wiens Önophilen – den Wein flaschen- und gläschenweise kaufen, und dazu gibt's Antipasti.

VI., Getreidemarkt 1; Tel. 58 5 72 57; U-Bahn: Karlsplatz; Mo–Fr 10–24, Sa 9–24, So 11–24 Uhr

Konzerte und Musiklokale

Arena → S. 119, D 23

Die Arena in Erdberg veranstaltet neben Livekonzerten regelmäßige Clubbing-Abende, in der warmen Jahreszeit flimmert das Sommerkino unter freiem Himmel.

III., Baumgasse 80; Tel. 7 98 85 95; Programm: www.arena.co.at; U-Bahn: Erdberg; Büro Mo–Fr 11–17 Uhr

Chelsea → S. 109, D 4

Das Chelsea war das erste jener Lokale, die den Gürtel belebten: Direkt in einem Bogen der Stadtbahn hat sich dieses Stammlokal der Wiener Underground-Szene einquartiert. Die Events sind abwechslungsreich, neben regelmäßigen Konzerten von amerikanischen und britischen Bands sind auch die DJ-Nächte gut besucht.

VIII., Lerchenfelder Gürtel/Stadtbahnbogen 29–32; Tel. 4 07 93 09; Programm: www.chelsea.co.at; U-Bahn: Thaliastraße; tgl. 18–4

Musikverein → S. 117, D 17

Die Heimat der Wiener Philharmoniker, Österreichs renommiertestem Orchester. Sind sie nicht auf den Bühnen der Welt zu hören, spielen sie hier (unter anderem das Neujahrskonzert, → S. 39).

I., Bösendorferstr. 12; Tel. 5 05 65 25; www.wienerphilharmoniker.at; U-Bahn: Karlsplatz

Porgy & Bess → S. 111, E 8

Wiens Jazzclub Nummer eins – nicht nur für Puristen, sondern auch für Freunde von Avantgarde und generell innovativer Musik.

I., Riemergasse 11; Programm unter Tel. 5 03 70 09 oder www.porgy.at; U-Bahn: Stephansplatz

Theater und Oper

Burgtheater → S. 110, B 7

»Die Burg« widmet sich den Klassikern der Weltliteratur, ihre Akteure gehören traditionell zur Crème de la Crème der österreichischen Schau-

spielerzunft. Premieren – und nicht nur die – sind regelmäßig ausverkauft.
I., Dr. Karl-Lueger-Ring 2; Information und Karten: Bundestheaterverband, Hanuschgasse 3, 1010 Wien; Tel. 5 14 44 41 40; www.burgtheater.at; U-Bahn: Rathaus

Kabarett Niedermair S. 110, A 7
Alles, was in Österreichs Kleinkunstszene einen Namen hat – zum Beispiel Lukas Resetarits –, war schon auf dieser Bühne zu Gast. Sie gilt aber auch als Sprungbrett für Newcomer.
VIII., Lenaugasse 1a; Tel. 4 08 44 92; www.niedermair.at; U-Bahn: Rathaus

Ronacher S. 111, D 8
In früheren Zeiten lief im Ronacher noch Kabarett, und auch André Heller machte hier Programm. Inzwischen ist das »Etablissement« eine Musicalbühne und hat sich weitgehend auf Broadwayproduktionen eingespielt.
I., Seilerstätte 9; Info und Karten: Tel. 5 14 11-0; www.musicalvienna.at; U-Bahn: Stephansplatz

Staatsoper S. 116, C 17
Die Opernbühne Österreichs. Hier geben sich jährlich vom 1. September bis zum 30. Juni auch ganz große Stimmen wie Placido Domingo die Klinke in die Hand. Stehplatzkarten gibt's schon für 2 €. Wer sich das Haus nur ansehen möchte, hat dazu bei einer Führung Gelegenheit (→ Sehenswertes, S. 60).
I., Opernring 2; Information Tel. 5 14 44-22 50; www.wiener-staatsoper.at; U-Bahn: Karlsplatz/Oper

Theater an der Wien S. 116, B 17
Die große Musicalbühne der Stadt ist eines der erfolgreichsten Theater der Donaumetropole. »Cats«, »The Rocky Horror Picture Show« und »Elisabeth« waren Publikumsmagneten.
VI., Linke Wienzeile 6; U-Bahn: Karlsplatz; Information und Karten wie Ticket Hotline; Tel. 5 88 30-2 00; www.musicalvienna.at

Volksoper S. 109, F 1
Das populärste Haus der Bundestheater. Hier kümmert man sich um Klassiker und Wiener Lokalgrößen.
IX., Währinger Str. 78; U-Bahn: Währinger Straße; Information und Karten: Bundestheaterverband; 1010 Wien, Hanuschgasse 3; Tel. 5 14 44-36 70; www.volksoper.at

Nachts erfindet sich Wien stets neu, wie die Passage (→ MERIAN-Tipp, S. 36) beweist.

Feste und Events

Rund ums Jahr laden viele Feste ein – vom Opernball übers Donauinselfest bis zur Love-Parade.

Die Musik von Johann Strauß sorgt noch immer für schwungvolle Nächte in den Wiener Ballsälen. Sein Denkmal (→ S. 52) steht im Stadtpark.

Was wäre Wien ohne seine Bälle – und erst recht ohne seinen größten, berühmtesten und spektakulärsten, den Opernball? Fesche Debütantinnen und Debütanten drehen sich lächelnd im Walzertakt, für die Zuschauer auf den Rängen gibt's Champagner und Tafelspitz satt – und viele, viele Kamerashots und Blitzlichter. Mehr oder weniger prominente Stars und Ehrengäste sorgten und sorgen für einen Hauch von Glamour.

Der Opernball ist nur einer von vielen Bällen in Wien: 300 sind es insgesamt, fast jede Berufsgruppe hat ihren eigenen, und meist findet das Ereignis in eleganter Atmosphäre in einem alten Palais statt. Ob beim Philharmonikerball, dem Ball der Wiener Kaffeesieder, dem Ärzteball, dem Bonbonball oder dem neu geschaffenen Johann-Strauß-Ball im Wiener Rathaus während des Faschings – es herrscht den ganzen Winter lang Walzerseligkeit. Entsprechende Tanzkünste sind also Pflicht – und die Wiener Tanzschulen haben sich darauf eingestellt: Sie bieten inzwischen Schnellkurse im Walzertanzen an.

Ist die eigentliche Ballsaison vorbei, muss man nicht lange auf das nächste bunte Großereignis warten: Der Life Ball hat sich – ganz bewusst, um sich von den traditionellen Tanzveranstaltungen abzugrenzen – einen Termin Ende Mai auserkoren. Walzerkünste sind hier nicht wirklich gefragt, aber auch bei diesem Mega-Event der Wiener Schwulen und Lesben mischen sich viele Politiker und Künstler unter die Festbesucher. Auch Elton John ist fast jedes Jahr präsent, kommt der Reinerlös doch der Aids-Hilfe zugute. Müßig zu erwähnen, dass Wien natürlich auch seine eigene Love-Parade hat – manche sagen, sie sei eine der schönsten in ganz Europa.

Ansonsten werden die Feste gefeiert, wie sie fallen: vom Donauinselfest bis zu den – andernorts meist recht eintönig-humorlosen – Parteiveranstaltungen, etwa dem 1. Mai der Sozialisten und dem Volksstimmefest der Kommunistischen Partei, die jeweils mit fetzigen Livekonzerten und Jahrmarktstimmung jede Menge gut gelaunter Wiener anlocken.

Ruhiger wird's in Wien nur während der Sommermonate: Im Juli und August gehört die Stadt den Touristen, und Einheimische trifft man gerade noch im Schanigarten, im Freiluftkino oder an den Badestränden der Donau. Doch kaum fallen die Blätter von den Bäumen, beginnt wieder die Saison. Und dann dauert es gar nicht mehr lange bis zum letzten Ball des alten Jahres, dem Kaiserball zu Silvester ...

Januar

Neujahrskonzert der Wiener Philharmoniker → S. 111, D 17

Klassische Stücke von Strauß, Mozart und Beethoven begrüßen am 1. Januar im Musikvereinssaal das neue Jahr.

I., Bösendorferstr. 12; Tel. 5 05 65 25; www.wienerphilharmoniker.at; U-Bahn: Karlsplatz

Ball der Philharmoniker → S. 111, D 17

Einer der Höhepunkte im Ballkalender – vielleicht ist dieses Fest des Musikvereins sogar prunkvoller als der Opernball.

I., Bösendorferstr. 12; Tel. 5 05 65 25; www.wienerphilharmoniker.at; U-Bahn: Karlsplatz

Februar

Opernball → S. 116, C 17

Wiens bekanntester Ball, bei dem sich alles, was Rang und Namen hat, in der Staatsoper einstellt. Karten zu bekommen ist praktisch unmöglich.

I., Herbert-Von-Karajan-Platz; Tel. 5 14 44; www.wiener-staatsoper.at; U-Bahn: Oper

Mai

Maifest

Das Noch-immer-rote-Wien feiert am 1. Mai seinen Tag der Arbeit im Prater, wie es sich gehört, gleichzeitig mit

der Eröffnung der Pratersaison, die Mitte Oktober wieder endet.
II., Prater; U-Bahn: Praterstern

MAI/JUNI
Wiener Festwochen
Das größte alljährliche Wiener Kulturspektakel: buntes Programm im Theater an der Wien und im Messepalast mit Konzerten, Tanz und Theater.
Tel. 5 89 22 22; www.festwochen.at

Vienna City Marathon
Ende Mai läuft ganz Wien – und rundherum ist Volksfest.
www.vienna-marathon.com

Life Ball → S. 110, A 7
Mode internationaler Stardesigner Hand in Hand mit ausgelassenem Ballvergnügen, und das auch noch für einen guten Zweck, nämlich für die Aids-Hilfe.
Ende Mai; I., Rathaus; www.lifeball.org; U-Bahn: Rathaus

JUNI/JULI
Love-Parade
Auch Wien hat seine Parade – in diesem Fall auf dem Prachtboulevard Nummer eins, der Ringstraße.

Jazzfest Wien
Die Größen des Jazz geben sich in der Staatsoper, im Burgtheater und an anderen illustren Orten die Klinke in die Hand.
www.viennajazz.org

JULI/AUGUST
Im Puls Tanz
Internationales Tanztheater und -performances rücken Wien in den Mittelpunkt der Szene.
Tel. 5 23 55 58; www.impulstanz.com

KlangBogen → S. 117, E 17
Große Oper und Operette im Theater an der Wien.
VI., Theater an der Wien, Linke Wienzeile 6; www.klangbogen.at

OKTOBER
Film-Festival Viennale
In Ermangelung eines zeitgenössischen österreichischen Films ist dieses cineastische Ereignis meist einem Generalthema gewidmet.
Tel. 5 26 59 47; www.viennale.at

NOVEMBER
Wien modern
Das Festival der Musik des 20. Jh. im Konzerthaus.
Tel. 24 20 02; www.wienmodern.at

DEZEMBER
Christkindlmarkt → S. 110, B 7
Der Rathausplatz ist während der Adventszeit der schönste Ort, um sich an heißen Kastanien und Glühwein zu wärmen.
I., Rathaus; U-Bahn: Rathaus

Kaiserball → S. 110, C 8
Der letzte (oder erste?) der großen Bälle – in diesem Fall steht er ganz im Zeichen der Habsburger.
Silvester; I., Hofburg; Tel. 5 87 36 66-23; www.hofburg.com, www.kaiserball.at; U-Bahn: Volkstheater

MERIAN-Tipp

5 Donauinselfest
Drei Tage lang Anfang September ist die Donauinsel Schauplatz eines riesigen Gratis-Freiluft-Events mit Konzerten und Partys auf und um 20 Bühnen. Fast drei Millionen Besucher kommen jedes Jahr, und natürlich gehörten neben den Wiener Lokalgrößen auch schon Spitzenbands wie die Simple Minds zu den auftretenden Stars. Ist das Wetter schön, kann man in Hörweite der Bühnen wunderbar Basketball spielen, Baden, Wasserski fahren oder einfach am Ufer der Donau liegen und seine Seele baumeln lassen.

XXII., Donauinsel; www.donauinselfest.at; U-Bahn: Donauinsel
→ S. 113, E/F 9/10 und nördlich

Familientipps – Hits für Kids

Kasperltheater, Liliputbahn, Dinosaurierskelett? Wien ist auch für Kinder spannend!

Hier kommen die Kleinen ganz groß raus! In der Stadt der Kinder, dem Minopolis, können alle zwischen vier und zwölf Jahren das machen, was sonst den Erwachsenen vorbehalten ist, zum Beispiel den Führerschein.

Besonders die Wiener Museen bemühen sich verstärkt, ein abwechslungsreiches Programm für junge Besucher anzubieten: Das reicht von speziellen Kinderführungen, zum Beispiel im Naturhistorischen Museum (→ S. 68), über eigene Projektsäle bis zu tollen Preisausschreiben. Aber auch abseits der Museen gibt es für die Kleinen einiges zu erleben: Spaziergänge im Wienerwald, Damwildrudel beobachten im Lainzer Tiergarten, ein Badetag auf der Donauinsel, aufregende Radtouren ...

Fahrten mit den öffentlichen Verkehrsmitteln sind für Kinder bis sechs Jahre gratis, an Sonn- und Feiertagen und während der Wiener Ferien dürfen alle Kinder (bis 15 Jahre) umsonst mit U-Bahn, Tram und Bus die Stadt entdecken. Spielplätze findet man in allen Parks, und über ein spezielles Angebot an kinderfreundlichen Hotels und Apartments informiert Sie **Wien Tourismus** (→ Auskunft, S. 99).

Haus des Meeres ⇢ S. 116, A 18

In einem Flakturm aus dem Zweiten Weltkrieg ist diese Schausammlung mit mehr als 3000 Fischen und anderem Getier untergebracht. An der Außenmauer wartet eine 35 m hohe Kletterwand auf mutige Kraxler.

VI., Esterházypark; Tel. 5 87 14 17; www.haus-des-meeres.at; U-Bahn: Neubaugasse; Fr–Mi 9–18, Do 9–21 Uhr; Eintritt Erwachsene 11,30 €, Kinder 5,30 €, Kleinkinder (3–5 Jahre) 3,60 €

Minopolis ⇢ S. 113, nördl. E 9

Im Cineplexx Reichsbrücke können sich Kinder als Journalist, Banker oder Polizist versuchen. Mit den dabei verdienten Eurolinos geht man zum Stylisten oder in die Bäckerei.

XXII., Wagramer Str. 2; Tel. 08 10 97 02 70; www.minopolis.at; U-Bahn: Donauinsel; Okt.–April Fr 14–19, Sa, So und Ferien 10–9 Uhr, Mai–Sept Fr 14–19, Sa, So und Ferien 13–19 Uhr; Eintritt Kinder Fr 8 €, Sa, So, Ferien 15 €, Erwachsene Fr 4 €, Sa, So, Ferien 6 €

Prater ⇢ S. 112/113, A 10–E 12

Der Wurstelprater ist zweifellos der Klassiker unter den Vergnügungsparks: Riesenrad, Achter- und Geisterbahn, Kasperltheater, dazu Autodrom, Schießbuden und sonst noch allerlei – nicht zuletzt die Liliputbahn, auf der die ganze Familie in 20 Minuten mit immerhin 10 Stundenkilometern durch die Parklandschaft des Praters rattern kann. Da freuen sich die Eltern schon auf ein frisch gezapftes Budweiser im Schweizerhaus (→ Essen, S. 21). 2

II., Prater; www.prater.at; U-Bahn: Praterstern

Sisi-Museum ⇢ S. 110, C 8

In speziellen Führungen erfahren Kinder, wie Sisi und Franz in der Hofburg gelebt haben: Zu sehen sind u.a. die Rekonstruktion des Polterabendkleides, berühmte Porträts, Schönheitsrezepte, Schmuckstücke und viele persönliche Dinge der jungen Kaiserin sowie die Totenmaske der Ermordeten.

I., Hofburg; Tel. 5 33 75 70; www.hofburg-wien.at; U-Bahn: Stephansplatz; tgl. 9–17, Juli und Aug. tgl. 9–17.30 Uhr; Eintritt Erwachsene 9,90 €, Kinder 4,90 €; Kinderführungen Sa, So, Fei und in den Ferien 10.30 und 14.30 Uhr

Tiergarten Schönbrunn ⇢ S. 59, a 2–3

Im Elefantenpark kann man mit etwas Glück dem Elefantenbaby beim Baden zusehen. Nilpferde, Löwen, Paviane und Giraffen sind hier ebenso zu Hause wie Wölfe – und auch ein original Tiroler Bauernhof mit Haustierrassen lohnt den Besuch. Besonders toll sind natürlich die Fütterungen im ältesten Zoo der Welt, zum Beispiel bei den Menschenaffen, denen man täglich um 10 und um 14.30 Uhr beim Jausen zusehen kann; die Jaguare und Tiger werden täglich (außer Mi und Sa) um 14 Uhr gefüttert.

XIII., Eingang Hietzing; Tel. 87 79 29 40; www.zoovienna.at; U-Bahn: Schönbrunn/Hietzing; tgl. 9–18.30 Uhr (im Winter bis 16.30 Uhr); Eintritt 12 €, Kinder 5 €

Unterwegs in Wien

Das unter Denkmalschutz stehende Schloss Schönbrunn (→ S. 58) ist seit 1996 Weltkulturerbe der UNESCO. Neben dem Schlosspark sind auch die Innenräume der barocken ehemaligen Sommerresidenz von Kaiserin Sisi äußerst sehenswert!

Wien ist leicht zu »erobern« – am besten natürlich zu Fuß. Bereits bei einem Spaziergang durch den I. Bezirk hat man vieles gesehen, was die Faszination dieser einzigartigen Stadt ausmacht.

Sehenswertes

Die k.u.k.-Monarchie ist überall sichtbar, aber auch moderne Bauten prägen das Stadtbild.

Dem berühmten »Steffl« (→ S. 60) steht das moderne, in Glasoptik gehaltene Haas-Haus (→ S. 50) gegenüber und erzeugt einen interessanten Kontrast.

Schönbrunn, der **Stephansdom** und die **Hofburg** – soll man drei der Attraktionen Wiens nennen, stößt man unweigerlich auf diese Wiener Highlights, knapp gefolgt von den Lipizzanern und den Sängerknaben. Nur leider ist man eben nicht als einziger Tourist daran interessiert, etwas von der Grandezza des Habsburgerreiches oder den herrlichen gotischen Reliefs des Domes zu erhaschen ...

Doch auch Busreisen haben ihren Zeitplan und ihre Saisonen – und zwischendrin findet man immer wieder Tage oder auch nur Momente, wo man sich in Ruhe am »Fenstergucker« des Dombaumeisters Pilgram ergötzen kann oder die Muße hat, die juwelengeschmückte Kaiserkrone des Heiligen Römischen Reiches in der **Schatzkammer** mehr oder weniger ungestört zu bewundern. Individualisten begegnen einander vielleicht im Arik-Brauer-Haus oder beim Stadtbahnpavillon in Grinzing.

Auch am **Biedermeierfriedhof St. Marx** oder draußen in der **Hermesvilla** im Lainzer Tiergarten bleibt man mit anderen Wienkennern und -liebhabern unter sich.

Zur Erholung empfiehlt sich ein Spaziergang in einem der Parks, im Wienerwald oder entlang der Donau, ein Einkaufsbummel in der Mariahilferstraße oder Flanieren in der Kärntner Straße, ein Gang über den Naschmarkt. Zwischendurch müssen Sie natürlich die einzigartige Atmosphäre in einem Wiener Kaffeehaus wie dem Sperl, dem Frauenhuber oder dem Eiles schnuppern, in einem Beisl ein Wiener Schnitzel oder einen Gemüsestrudel genießen oder bei einer traditionellen Buschenschank in Nußdorf den Eigenbauwein verkosten. Vielleicht kommt man sich mit ein paar Wienern »zwischenmenschlich« ein wenig näher, und es kann noch ein langer, gemütlicher Abend werden, der irgendwo in der Innenstadt ausklingt ...

Altes Rathaus → S. 111, D 7

Im Hof des ehemaligen Rathauses (1316, später barockisiert) ist eines der Hauptwerke des Barockbildhauers Georg Raphael Donner zu sehen: der **Andromedabrunnen** von 1741 mit einem Bleirelief, das die Sage von Perseus und Andromeda darstellt.

I., Wipplingerstr. 8; U-Bahn: Stephansplatz

Am Hof → S. 110, C 7

Hier residierten ab dem 12. Jh. die Babenberger; diese erste Pfalz der Herren von Österreich war damals noch ein loser Häuserkomplex mit dem Wohnhaus des Herzogs. Heute bietet der Platz ein barockes Bild: Das Zeughaus von 1732 schmücken eine Dreieckgiebelfassade und eine Attika mit Skulpturen, die eine vergoldete Weltkugel tragen. Die Kirche Am Hof ist die ehemalige Jesuitenkirche, ein ursprünglich gotisches Gotteshaus, 1610 im Stil des Jesuitenbarock umgestaltet. Die monumentale Fassade beherrscht den Platz.

I., Herrengasse; U-Bahn: Herrengasse

Ankeruhr → S. 111, D 7

Eine in Form einer 10 m langen Brücke zwischen zwei Häuser gebaute Jugendstiluhr (1913, von Franz Matsch): Zwölf Figurenpaare aus der Geschichte Wiens – von Marc Aurel bis Haydn – wandern innerhalb von zwölf Stunden am alten Stadtwappen vorbei. Gehen Sie unbedingt um zwölf Uhr mittags hin: Da paradieren alle Figuren vorbei.

I., Hoher Markt 10–11; U-Bahn: Schwedenplatz

Arik-Brauer-Haus → S. 115, F 14

Nach Friedensreich Hundertwasser wurde auch der Maler Arik Brauer, ein Mitbegründer des Fantastischen Realismus, eingeladen, ein Wohnhaus der Gemeinde Wien zu gestalten. Große Fliesenbilder, Hinterglasmalereien und gaudieske Verzierungen haben aber noch kein vergleichbares Publikumsinteresse wie beim Hundertwasserhaus (→ Sehenswertes, S. 51) auf sich gezogen.

VI., Gumpendorfer Str. 134–136; Straßenbahn: 57 A; nicht öffentlich zugänglich

Arsenal S. 117, F 20

Nach der Revolution von 1848 als gut zu verteidigende Anlage auf einem Hügel hinter dem Belvedere errichtet, gilt der Bau als Vorläufer des Klassizismus. In der Mitte des im Stil eines monumentalen morgenländischen Palastes gestalteten Baus ist das **Heeresgeschichtliche Museum** untergebracht (tgl. 9–17 Uhr; Eintritt 5,10 €).

III., Arsenalstraße; Tel. 7 95 61-0; www.hgm.or.at; U-Bahn: Südtiroler Platz; Straßenbahn: O, 3, 18; Fei geschl.; Familienkarte 7,30 €

Augartenpalais S. 111, E 5

Hier ist die »Heimat«, besser gesagt, das Internat der Wiener Sängerknaben – im anderen Teil des Anwesens befindet sich die 1718 gegründete Porzellanmanufaktur Augarten. Dahinter liegt ein schöner, öffentlich zugänglicher Park.

II., Obere Augartenstr. 1; Straßenbahn: 38

Augustinerkirche S. 110, C 8

Seit dem 17. Jh. die Familienkirche der Habsburger. Der ursprünglich gotische Bau wurde damals barockisiert und 1784/85 wieder regotisiert. In der Kirche befindet sich die Herzgruft der Habsburger mit den Herzen von 54 Familienmitgliedern. Ihre Körper ruhen in der Kapuzinergruft (→ Sehenswertes, S. 52), die Eingeweide im Stephansdom (→ Sehenswertes, S. 60).

I., Augustinerstr. 7; U-Bahn: Karlsplatz; Führungen nach der Sonntagsmesse, eine Spende ist angebracht

Belvedere S. 117, E 18/19

Der Sommersitz des Prinzen Eugen von Savoyen gilt als eine der schönsten Palastanlagen des Barock. Von 1714 bis 1716 wurde das **Untere Belvedere** errichtet, das von außen schmucklos, aber innen umso prächtiger eingerichtet ist. Heute beherbergt das hier untergebrachte **Barockmuseum** eine bedeutende Sammlung; in der Orangerie sind im **Museum Mittelalterlicher Österreichischer Kunst** romanische und gotische Schnitzwerke und Altarbilder zu sehen. 1717 wurde der herrliche **Park** gestaltet: Terrassen, Statuen und Wasserspiele verwandelten ihn einst in einen Lustgarten. Der Ausblick vom **Oberen Belvedere** ist imposant. 1721/22 entstanden, gilt es als Meisterwerk des Architekten Johann Lukas von Hildebrandt und war für repräsentative Zwecke bestimmt. Entsprechend prunkvoll sind die Räumlichkeiten wie Audienzsaal und Spiegelkabinett.

Informationen: Tel. 79 55 70; www.belvedere.at; Kombiticket 12,50 €

- **Unteres Belvedere**
  III., Rennweg 6a; tgl. 10–18, Mi 10–21 Uhr; Eintritt 9,50 €
- **Oberes Belvedere**
  III., Prinz-Eugen-Str. 27; tgl. 10–18 Uhr; Eintritt 9,50 €
- **Belvederegarten**
  Tgl. 7–20, im Sommer 6–21.30 Uhr; Straßenbahn: D, 71

MERIAN-Tipp

6 Wien zum Hören

Dass Wien akustisch ist, beweist das **Haus der Musik**, ein musikalisches Erlebnismuseum im historischen Palais Erzherzog Carl – vom Ursprung des Klangs bis zu Hyperinstrumenten. Jeden Sonntag um 10 Uhr ist Treffpunkt zur Kinderführung, wobei die Nachwuchs-Karajans virtuell das Orchester der Wiener Philharmoniker dirigieren dürfen oder etwas über Mozart und andere Musikgrößen erfahren. Und auch Erwachsenen werden viele neue Führungen geboten (Infos und Voranmeldung unter Tel. 5 16 48 10).

I., Seilerstätte 30; www.hdm.at; U-Bahn: Stephansplatz; tgl. 10–22 Uhr; Eintritt 10 € S. 111, D 8

Burggarten S. 110, C 8

Der ehemalige Kaisergarten und der Volksgarten (→ Sehenswertes, S. 63), auf den von Napoleon geschleiften ehemaligen Wehranlagen der »Burg« entstanden, wurden 1919 der Öffentlichkeit zugänglich gemacht. Im Burggarten befindet sich das **Schmetterlinghaus** mit tropischen Faltern.

I., Burgring; Schmetterlinghaus: Tel. 5 33 85 70; www.schmetterlinghaus.at; Mo–Fr 10–16.45, Sa, So und Fei 10–18.15 Uhr; Eintritt Erw. 5,50 €, Kinder 3–6 J. 3 €, Kinder ab 6 J. 4,40 €; Straßenbahn: Linie 1 und 2; Öffnungszeiten Burggarten April–Okt. tgl. 10–16.45, Nov.–März tgl. 10–15.45 Uhr

Burgtheater S. 110, B 7

Das frühere Hof- und Nationaltheater, gegründet 1776 durch Joseph II., übersiedelte 1888 in das Haus am Ring. Gottfried Semper und Karl Hasenauer konzipierten die Kultstätte der Schauspielkunst im Stil der italienischen Hochrenaissance. Bezaubernd: der neobarocke Zuschauerraum (→ Am Abend, S. 36).

I., Dr. Karl-Lueger-Ring; Tel. 5 14 44 41 40; www.burgtheater.at; Straßenbahn: Linie 1; Führungen tgl. ab 15 Uhr; Eintritt 5,50 €

Denkmal gegen Krieg und Faschismus S. 110, C 8

Der österreichische Künstler Alfred Hrdlicka schuf von 1988 bis 1991 diese mehrteilige Plastik aus Stein, Bronze und Marmor: Sie gedenkt der Opfer des Zweiten Weltkrieges und der nationalsozialistischen Herrschaft in Österreich. Die Skulpturen rund um den »straßenwaschenden Juden« stießen bei den Wienern anfangs auf recht wenig Gegenliebe.

I., Albertinaplatz; U-Bahn: Karlsplatz/Oper

Donauinsel S. 113, nördl. E/F 9

Wiens Freizeitzentrum Nr. 1 – zumindest während der Sommermonate: kilometerlange Strände, Radfahr- und Joggingwege und dazu eine rege Lokalszene am Ufer und auf dem Fluss. Das Donauinselfest, das Ende Juni stattfindet, lockt Hunderttausende an (→ MERIAN-Tipp, S. 40).

U-Bahn: Donauinsel

Donaupark und Donauturm S. 113, nördl. D 9

Aus Anlass der Wiener Internationalen Gartenschau im Jahr 1964 wurde auf einem ehemaligen Müllablagerungs-

Im Oberen Belvedere ist die Österreichische Galerie mit Kunst des 19. und 20. Jahrhunderts untergebracht – darunter Werke von Hundertwasser, Brauer und Rainer.

Mitten im Zentrum von Wien erstreckt sich das weitläufige Gelände der Hofburg – das ehemalige Machtzentrum des Habsburgerreichs.

platz der Donaupark geschaffen. Im 252 m hohen Donauturm, dem höchsten Gebäude Wiens, wurde in 170 m Höhe ein sich drehendes Café-Restaurant mit schöner Aussicht eingerichtet.
XXII., Wagramerstraße/Donauturmstraße; U-Bahn: Kaisermühlen – Vienna Int. Centre; tgl. 10–24 Uhr; Lift 5,50 €

Friedhof St. Marx ⇢ S. 118, B/C 24
Der romantische Biedermeierfriedhof wurde bereits vor mehr als 100 Jahren aufgelassen. Hier befindet sich die – leere – Grabstätte Wolfgang Amadeus Mozarts, der bekanntlich in einem nicht gekennzeichneten Armengrab verscharrt wurde.
III., Leberstr. 6–8; Straßenbahn: 18, 71, 72; April und Okt. tgl. 7–17, Mai und Sept. 7–18, Juni–Aug. 7–19 Uhr, Nov.–März 7 Uhr bis Einbruch der Dunkelheit

Haas-Haus ⇢ S. 111, D 8
Auf dem prominenten Platz gegenüber dem Stephansdom stand einmal das Einrichtungshaus Philipp Haas & Söhne. Der heutige Bau, in dessen Glasflächen sich der Stephansdom und die umliegenden Bürgerhäuser spiegeln, wurde vom Architekten Hans Hollein 1985 bis 1990 als Geschäfts- und Bürohaus errichtet. Sehenswert ist die Onyx-Bar – und ein Blick von der Dachterrasse bleibt unvergesslich.
I., Stephansplatz 12/Stock-im-Eisen-Platz 4; U-Bahn: Stephansplatz

Hofburg ⇢ S. 110, B/C 8
3
Hier residierten bis 1918 die Habsburger. Seit dem 13. Jh. und dem Bau des ursprünglichen Schweizerhofes wurde hier immer wieder umgebaut, erweitert oder neu gestaltet. Den letzten Plänen – eine Erweiterung der Hofburg durch einen zweiten Flügel auf der rechten Seite des Heldenplatzes – machte der Erste Weltkrieg und der Sturz des Hauses Habsburg einen Strich durch die Rechnung. Von der ursprünglichen mittelalterlichen »Burg« ist heute nur mehr die **Burgkapelle** zu sehen: In dem später barock umgebauten Kirchlein finden an Sonn- und Feiertagen (außer im

Sommer) Messen unter Beteiligung der Wiener Sängerknaben statt.

In der Renaissance entstand die **Stallburg**, mit ihrem Arkadenhof das schönste Renaissancebauwerk Wiens; hier haben die Lipizzaner ihre Stallungen. Die **Amalienburg** (erbaut 1575–1588) wurde im 17. Jh. durch den frühbarocken **Leopoldinischen Trakt** mit dem **Schweizerhof** verbunden; auf der anderen Seite entstanden im frühen 18. Jh. der **Reichskanzleitrakt** und die **Hofbibliothek**. Zum Michaelerplatz hin wurde die Winterreitschule angebaut; das Ensemble des **Michaelerplatzes** konnte aber erst 150 Jahre später mit dem Riesenportal und der Michaelerkuppel fertig gestellt werden. Den Abschluss des heute sichtbaren Gebäudetrakts bildete ab 1900 die **Neue Hofburg**. Hier befindet sich der Eingang zur Verleihstelle der **Nationalbibliothek**, hier sind das **Ephesos-Museum** und die **Musik- und Waffenkammer** zu finden sowie das **Museum für Völkerkunde**. Sehenswert: die Weltliche und Geistliche Schatzkammer, der Prunksaal der Nationalbibliothek, die Kaiserappartements mit dem Sisi-Museum und die Silberkammer.

I., Zugang von Heldenplatz, Michaelerplatz, Josefsplatz; U-Bahn: Herrengasse

– Kaiserappartements/Sisi-Museum, Silberkammer
Tel. 5 33 75 70; www.hofburg-wien.at; Sept.–Juni tgl. 9–17.30, Juli und Aug. tgl. 9–18 Uhr; Eintritt 9,90 €

– Weltliche und Geistliche Schatzkammer
Tel. 52 52 40; tgl. außer Di 10–18 Uhr; Eintritt 10 €

Hundertwasserhaus → S. 112, A 12

Von 1983 bis 1985 gestaltete der Maler Friedensreich Hundertwasser einen kommunalen Wohnbau – ohne Verwendung von Kunststoff, dafür mit Holz und Ziegelmauerwerk. Das farbenfrohe Gebäude mit Zwiebel-

Die Exponate der Schatzkammer in der Hofburg (→ S. 50) illustrieren die tausendjährige Geschichte der Habsburger.

türmchen und »ohne gerade Linien« war das Erste einer Reihe von Künstlern konzipierter Wohnbauten in Wien. Es ist nicht öffentlich zugänglich. Im Sommer fährt ein von dem Fantastischen Realisten designtes Schiff der DDSG vom Schwedenplatz auf einer »Hundertwassertour« zum Kunst-Haus, zum Hundertwasserhaus und zum Fernheizwerk im Norden Wiens.
III., Löwengasse/Kegelgasse; Straßenbahn: Linie 1

Johann-Strauß-Denkmal
→ S. 117, E 17

Die mit Goldfarbe bemalte Bronzefigur des Walzerkönigs im Stadtpark neben dem Kursalon ist eines der bekanntesten Wahrzeichen Wiens.
U-Bahn: Stadtpark; Straßenbahn: Linie 1 und 2

Kapuzinergruft (Kaisergruft)
→ S. 110, C 8

Hier wurden zahlreiche Habsburger beigesetzt – von Maria Theresia in ihrem verschnörkelten riesigen Sarkophag bis zu Kaiserin Zita, Österreichs letzter Herrscherin, die 1989 im Alter von 97 Jahren verstarb und deren Sarg stets mit frischen Blumen überhäuft ist, ebenso wie der von Elisabeth, besser bekannt als Sisi. Die sterblichen Überreste von zwölf Kaisern, 16 Kaiserinnen und etwa 100 Erzherzögen fanden hier ihre letzte Ruhestätte. Besonders imposant: der Doppelsarkophag von Maria Theresia und ihrem Gemahl Kaiser Franz I., schlicht hingegen der nur mit einem Kreuz geschmückte, glatte Metallsarg von Sohn Joseph II. Die Kapuziner- oder Kaisergruft liegt unter der Kapuzinerkirche, die 1632/33 erbaut wurde; seit dieser Zeit werden die Habsburger auch hier beigesetzt.
I., Neuer Markt/Tegetthoffstraße; Tel. 5 12 68 53-16; www.kaisergruft.at; U-Bahn: Stephansplatz; tgl. 10–18 Uhr; Eintritt Erwachsene 4 €, Kinder ab 3 J. 1,50 €

Karl-Marx-Hof
→ S. 85, südl. f 3

Das soziale Wohnbauprogramm des »roten Wien« schuf zwischen 1919 und 1934 die stolze Zahl von 64 000 Wohnungen. Der 1,2 km lange Karl-Marx-Hof ist ein Musterbeispiel aus dieser Ära; er wurde von 1927 bis 1930 nach Plänen des Architekten Karl Ehn errichtet: 1600 Wohnungen sind um mehrere Innenhöfe gruppiert. Im Bürgerkrieg 1934 war diese Hochburg der »Roten« stark umkämpft.
XIX., Heiligenstädter Str. 82–92/ 12.-Februar-Platz; Straßenbahn: 3

Karlsplatz
→ S. 116/117, C/D 17

Das dominierendste Gebäude des Karlsplatzes und gleichzeitig die bedeutendste Barockkirche Wiens ist die **Karlskirche**: 1716 von Johann Bernhard Fischer von Erlach begonnen, arbeiteten die hervorragendsten Bildhauer Wiens an der Kirche mit. Ein griechischer Tempelportikus, römische Triumphsäulen, orientalische Glockentürme – fast ein biblischer Tempel. Die gewaltige Kuppel vereint die diversen Bauelemente zu einem harmonischen Ganzen.
U-Bahn: Karlsplatz

Kärntner Straße S. 111, D 8

Die große Fußgängerzone der City – einst Ausgangspunkt bzw. Schlussstück eines alten Reisewegs zwischen Wien und der Adria, der über Kärnten führte – ist heute die größte Nobel-Shoppingmeile der Stadt – seit einiger Zeit gibt es hier allerdings auch Fastfood und einige nicht ganz so teure Läden. Die Kärntner Straße und ihre Verlängerung, der Graben, sind außerdem eine Bühne für Straßenmusikanten und Selbstdarsteller – und man findet ein paar nette Schanigärten: Von diesen Außenbetrieben der Lokale lässt sich das pralle Leben der Innenstadt bequem beobachten.

6

U-Bahn: Stephansplatz

Kirche am Steinhof

S. 108, westl. A 4

Das Gotteshaus, der schönste Kirchenbau des 20. Jh. in Wien, steht auf einem Hügel, und seine kupferne, byzantinisch anmutende Kuppel ragt über die umliegenden Gebäude hinaus. In der damaligen Niederösterreichischen »Landesirrenanstalt« (dem heutigen Psychiatrischen Krankenhaus der Stadt Wien) schuf Otto Wagner von 1904 bis 1907 ein Hauptwerk des Jugendstils – die Kirche am Steinhof. Das in strenger Form gehaltene Innere mit den Glasmosaiken von Kolo Moser wurde vor Kurzem renoviert.

XIV., Baumgartner Höhe 1; Buslinie 47 A, 48 A; von dort durch den Park 15 Min. Fußweg; www.wienkav.at/kav/ows; Besichtigungen nach Vereinbarung (Tel. 9 10 60-1 12 04)

Loos-Haus S. 110, C 8

Als Konterpart zum üppigen Michaelertor gilt dieser 1910/11 von Adolf Loos errichtete Wohn- und Geschäftsbau. Die Erscheinung des betont schmucklosen »Hauses ohne Augenbrauen« wurde damals mit Kanalgittern verglichen. Heute ist es ein Beispiel zweckbestimmter Architektur.

I., Michaelerplatz 3; U-Bahn: Stephansplatz

Friedrich Stowasser, besser bekannt als Friedensreich Hundertwasser, schuf zwischen 1983 und 1986 das fröhliche, bunte und ungewöhnliche Hundertwasserhaus.

Vor dem von der griechischen Antike inspirierten Parlamentsgebäude prangt eine 5,5 Meter hohe Statue der Schutzgöttin Pallas Athene.

Majolikahaus (Wienzeilenhäuser) ⇢ S. 116, B 18

Das Majolikahaus heißt so wegen der vom Architekten Otto Wagner für die Fassade verwendeten Majolika-Fliesen, durch die er die darauf abgebildeten farbigen Pflanzenornamente witterungsunempfindlich machte. Das benachbarte Eckhaus besitzt an seiner Fassade vergoldete Medaillons von Kolo Moser. Die Besichtigung der Treppenhäuser ist möglich.

VI., Linke Wienzeile 38/40; U-Bahn: Kettenbrückengasse

Maria am Gestade ⇢ S. 111, D 7

Ein gotisches Juwel: Einst stand die Kirche Maria am Gestade am Steilufer über einem Donauarm, heute erhebt sie sich, umrahmt von Wohn- und Geschäftshäusern, über dem Donaukanal. Der helle Chor datiert aus der Mitte, das dunkle – dadurch kontrastierende – Langhaus vom Ende des 14. Jh. Die plastische Gestaltung der Wand weist auf eine Arbeit der Wiener Dombauhütte hin. Der von zarten Facetten durchbrochene Maßwerkkuppelhelm auf dem 56 m hohen Turm aus dem Jahr 1430 gilt als einer der Höhepunkte gotischer Kunst in Österreich.

I., Salvatorgasse; U-Bahn: Schwedenplatz

Michaelerplatz ⇢ S. 110, C 8

Vor dem ornamentlosen Loos-Haus sieht man Reste einer zivilen römischen Siedlung außerhalb des militärischen Römerlagers Vindobona. Die ehemalige Hofpfarr- und Barnabitenkirche **Sankt Michael** auf der anderen Seite stammt in ihrem Kern aus der ersten Hälfte des 13. Jh. Sehenswert der barocke Portalvorbau mit dem »Engelssturz« in der ansonsten klassizistischen Fassade. Schaurig ist ein Besuch der Gruft unter der Kirche (Zugang durch den Hof).

I., Michaelerplatz; U-Bahn: Herrengasse; Gruft (nur mit Führung) Terminvereinbarungen unter Tel. 06 50–5 33 80 03

Naschmarkt
→ Einkaufen, S. 28, Spaziergang, S. 79

Nationalbibliothek ⇢ S. 110, C 8
Die prachtvollen Räume der größten Bibliothek des Landes wurden von Johann Bernhard Fischer von Erlach und seinem Sohn entworfen. Der Prunksaal, der historische Lesesaal und auch das Globenmuseum können besichtigt werden.
I., Josefsplatz 1; U-Bahn: Herrengasse; Tel. 5 34 10-0; Prunksaal: Di–So 10–18, Do 10–21 Uhr; Eintritt 7 €

Otto-Wagner-Stadtbahnpavillons ⇢ S. 116, C 17
Die Stadtbahn gilt als Gesamtkunstwerk des Jugendstilarchitekten Otto Wagner: Vor allem die Brücken und Stationsgebäude, aber auch Leuchten und Geländer wurden von ihm geplant. Besonders sehenswert sind der Stadtbahnpavillon Hietzing, die Haltestellen Schönbrunn und Stadtpark sowie die kunstvollen Abgänge am Karlsplatz – einer davon ist im Sommer ein Café.
I., Karlsplatz; U-Bahn: Karlsplatz; April–Okt. Di–So 9–18 Uhr; Eintritt 2 €

Palais Ferstel ⇢ S. 110, C 7
Das Palais Ferstel wurde von Heinrich von Ferstel in den Jahren 1856 bis 1860 im Stil der italienischen Renaissance erbaut. Bis 1877 war dort die Börse untergebracht. Florentinische und venezianische Einflüsse bestimmen die erste, in den Achtzigerjahren des 20. Jh. komplett renovierte Geschäfts- und Büropassage Wiens, ein Labyrinth dämmeriger Durchgänge, überdachter Höfe und geschwungener Treppenaufgänge. Luxuriöse Geschäfte locken die Touristen, das wieder eröffnete **Café Central**, vor dem Ersten Weltkrieg Treffpunkt von Intellektuellen und Künstlern, empfängt müde Sightseer zu Speis und Trank.
I., Freyung 2/Herrengasse 17; U-Bahn: Herrengasse

Parlament ⇢ S. 110, A/B 8
Einer der eindrucksvollsten Prunkbauten der Ringstraße: Der von der griechischen Antike faszinierte Architekt

Wegzeiten (in Gehminuten) **zwischen wichtigen Sehenswürdigkeiten**

	Belvedere	Burgtheater	Hofburg	Kapuzinergruft	Karlsplatz	Prater	Schönbrunn	Staatsoper	Stadtpark	Stephansdom
Belvedere	–	30	25	25	15	30	35	20	20	25
Burgtheater	30	–	10	20	20	40	40	15	20	15
Hofburg	25	10	–	10	20	40	35	10	15	10
Kapuzinergruft	15	20	20	–	15	30	20	10	10	10
Karlsplatz	25	20	10	15	–	40	30	5	15	10
Prater	30	40	40	40	30	–	50	25	25	15
Schönbrunn	35	40	35	30	20	50	–	25	25	30
Staatsoper	20	15	10	5	10	25	25	–	10	15
Stadtpark	25	15	10	10	10	15	30	15	–	10
Stephansdom	20	20	15	15	10	25	25	10	10	–

MERIAN-Tipp

7 Wienerlieder

Was für Lissabon der Fado, ist in der Donaumetropole das Wienerlied: Entstanden um 1700, erlebte es seine erste Blüte im Biedermeier und seine Renaissance in den Siebzigerjahren des 20. Jh.: Lokalgrößen wie Karl Hodina (legendär: sein Album »Herrgott aus Stan«) sangen über Herz, Schmerz und das »Weaner Gmüat« – durchaus mit einer guten Portion Sozialkritik, aber natürlich auch viel »Schmäh«. Heute halten Roland Neuwirth und seine Extremschrammeln oder die 1. Wiener Pawlatschen AG die Kunst des Wienerliedes hoch. Aktuelle Infos über Konzerte findet man im Stadtmagazin Falter (www.falter.at) oder in den Wiener Tageszeitungen.

Theophil Hansen schuf von 1873 bis 1883 das ehemalige Reichsratsgebäude. Auch der Pallas-Athene-Brunnen vor dem heutigen Sitz des National- und des Bundesrates stammt von ihm.
I., Dr.-Karl-Renner-Ring 3 (Zugang unter der Parlamentsrampe); Tel. 4 01 10-27 15; www.parlament.at; U-Bahn: Volkstheater; Straßenbahn: alle Ringstraßenlinien; Führungen für Einzelpersonen zu fixen Zeiten (Tel. 4 01 10-27 15; Gruppen ab 15 Personen eine Woche Voranmeldung; Eintritt 4 €

Pestsäule ---> S. 111, D 8
Mehrere Künstler schufen von 1682 bis 1693 die hochbarocke Dreifaltigkeitssäule. Sie gilt als Vorbild vieler Pestsäulen in Österreich.
I., Graben; U-Bahn: Stephansplatz

Peterskirche ---> S. 110, C 7/8
Eine einst an dieser Stelle errichtete Kirche soll nach 792 von Karl dem Großen gestiftet worden sein, um den heidnischen Einfluss in der Stadt einzudämmen. Auf jeden Fall wurde die heutige Peterskirche am Standort wesentlich älterer Vorgängerinnen 1702 bis 1733 als hochbarockes Schmuckstück erbaut. Sehenswert im Inneren ist vor allem das Kuppelfresko.
I., Petersplatz; U-Bahn: Stephansplatz

Postsparkasse ---> S. 111, E 7
Einer der bedeutendsten Bauten Otto Wagners in Wien: Er gestaltete von 1904 bis 1906 und von 1910 bis 1912 die Front mit Marmorplatten und Aluminiumknöpfen sowie das Interieur.
I., Georg-Coch-Platz 2; Straßenbahn: alle Ringstraßenlinien

Prater ---> S. 112/113, A 10–E 12
Das ehemalige kaiserliche Jagdrevier wurde 1766 von Joseph II., dem »Reformkaiser«, der Öffentlichkeit zugänglich gemacht. Nahe dem Praterstern entstanden im so genannten Volks- oder Wurstelprater bald Vergnügungsstätten und Wirtshäuser. Der alte Wurstelprater wurde in den letzten Kriegstagen des Jahres 1945 fast völlig zerstört, Erinnerungsstücke aus seinen vergangenen Tagen sind im Pratermuseum beim Riesenrad zu sehen. Im selben Gebäude ist auch das **Planetarium** untergebracht. 2

Noch heute bietet der Prater das ganze Jahr über Volksfestatmosphäre: Hier gibt es Schießbuden, Spielsalons und Eisbuden. Wahrzeichen des Praters ist das **Riesenrad**, in den Jahren 1896/97 vom englischen Ingenieur Walter Basset errichtet. Von seinen geschlossenen Waggons aus genießt man einen herrlichen Blick über die Dächer der Hauptstadt.

Mit der 4 km langen Liliputbahn kann man eine Rundfahrt durch den Park unternehmen, in dem noch das Fußballstadion, die Trabrennbahn, die Galopprennbahn und das Radstadion passive Sportbegeisterte anlocken. Die aktiven finden hier genügend Platz zum Radfahren oder Spazierengehen.
U-Bahn: Praterstern; Riesenrad: Tel. 7 28 05 16; www.wienerriesenrad.com; Nov.–Feb. 10–19.45, März, April, Okt. 10–21.45, Mai–Sept. 9–23.45 Uhr; Fahrpreis Erwachsene 8 €, Kinder ab 3 Jahren

3,20 €; Pratermuseum: www.museum.vienna.at; Di–Sa 9–12.15 und 13–16.30, So 14–18.30 Uhr; Eintritt 2 €

Rathaus ···› S. 110, A 7

Der Kölner Dombaumeister Friedrich Schmidt errichtete 1872 bis 1883 an der Ringstraße das neugotische Rathaus. Auf dem 98 m hohen Turm thront der eiserne Rathausmann, der mit seiner Standarte 6 m misst. Der Wiener Bürgermeister, dessen Amtsräume sich im Rathaus befinden, übt seit 1922 zusätzlich die Funktion des Landeshauptmanns des Bundeslandes Wien aus; im Rathaus tagen daher auch Landesregierung (=Stadtsenat) und Landtag (= Gemeinderat). Auf dem Platz vor dem Rathaus finden inzwischen schon fast während des gesamten Jahres vielfältigste Veranstaltungen statt: Konzerte, Freiluftkino, Eislaufen, und eine Reihe von Ständen serviert dazu Kulinarisches.

I., Rathausplatz; Tel. 5 25 50; www.wien.gv.at; U-Bahn: Rathaus; Straßenbahn: Linie 1 und 2; Führungen Mo, Mi und Fr 13 Uhr (außer an Sitzungstagen), Gruppen einen Monat vorher schriftlich anmelden; Eintritt frei

Ringstraße

···› Umschlagkarte vorne

Anstelle der ehemaligen Stadtmauer und den davor liegenden Wiesen mit freiem Schussfeld (dem »Glacis«) ließ Kaiser Franz Joseph I. von 1857 bis 1865 die Ringstraße anlegen. Entlang der Straße entstanden in Folge zahlreiche Prunkbauten der unterschiedlichsten Stilrichtungen. Die 4 km lange Ringstraße gilt heute als beispielhaftes Gesamtkunstwerk. Baumeister wie Gottfried Semper, Heinrich Ferstel oder Theophil Hansen schufen antike, gotische und barocke Paläste; aber auch Bauten nach Art der Renaissance und sogar des Jugendstils passen sich schlüssig in das Gesamtkonzept (von C.F.L. Förster) ein. Um sich die Fassaden anzusehen, benutzt man am besten die Ringstraßenlinie 1.

U-Bahn: Rathaus, Schottentor, Schwedenplatz; Straßenbahn: Linie 1 und 2

Ruprechtskirche ···› S. 111, D 7

Teile der Römersiedlung Vindobona wurden für den Bau der romanischen Kirche im 11. Jh. verwendet.

I., Ruprechtsplatz

Von hoch oben den Blick über Wien genießen – bei Sonnenuntergang ist das besonders schön. Auf dem Prater ist solch ein Erlebnis das ganze Jahr über möglich.

Tropische und architektonische Wunderwelt: Das größte Palmenhaus Europas vereint drei verschiedene Klimazonen unter seinen Dächern.

Schönbrunn

⇢ S. 114, südwestl. A 16

Die kaiserliche Sommerresidenz ist eines der Highlights von Wien: Die Zahl der Besucher geht über die Millionengrenze, für den Besuch sollte man sich einen ganzen Tag reservieren.

Kaiser Maximilian II. ließ hier einst ein Jagdschloss erbauen, das 1683 bei der Türkenbelagerung zerstört wurde. Daraufhin plante Johann Bernhard Fischer von Erlach einen grandiosen Neubau auf dem Hügel, wo heute die Gloriette steht. Eine zweite, kostengünstigere Version wurde dann bis 1717 am jetzigen Standort ausgeführt. Sein heutiges Aussehen erhielt das Schloss aber erst unter Maria Theresia, die die Anlage anstelle der Hofburg – es heißt aus Platzmangel – zu ihrem Wohnsitz erkor und hier mit ihrem Gemahl und den 16 Kindern lebte. Sehenswert sind die Prunkräume des Schlosses, die meist im verspielten Rokokostil ausgeführt wurden – etwa der Spiegelsaal, wo der sechsjährige Mozart vor der Kaiserin musizierte, oder das mit Rosenholz getäfelte Millionenzimmer.

– **Schloss**
Tel. 8 11 13- 2 39; www.schoenbrunn.at; U-Bahn: Schönbrunn; April–Juni, Sept., Okt. tgl. 8.30–17, Juli, Aug. tgl. 8.30–18, Nov.–März tgl. 8.30–16.30 Uhr; Eintritt: Imperial Tour 9,50 €, Grand Tour 12,90 €

– **Marionettentheater**
Fast ganzjährig Vorstellungen von Werken von Mozart und Strauss, aber auch spezielle Kindervorstellungen.
Info: Tel. 8173247; Tageskasse ab 14 Uhr (außer Di); besser vorher anrufen!

– **Wagenburg**
Im Seitentrakt sind rund 60 historische Karossen ausgestellt.
Info: Tel. 87 73 24 40; www.khm.at; April–Okt. tgl. 9–18, Nov.–März 10–16 Uhr; Eintritt 4,50 €

– **Schlosspark**
Der Park wurde im Stil eines französischen Gartens angelegt. In der Gloriette, einem Siegesdenkmal auf dem höchsten Punkt des Parks, ist ein schönes Café untergebracht.
Tgl. bis Einbruch der Dunkelheit

– Irrgarten
Revitalisierter Irrgarten des alten Parks aus dem 17. Jh. mit zwei Feng-Shui-Harmoniesteinen im Zentrum.
April–Juni, Sept. tgl. 9–18, Juli, Aug. tgl. 9–19, März, Okt. tgl. 9–17; Eintritt 2,90 €

– Palmenhaus
Einst futuristisch anmutende Stahl-Glas-Konstruktion aus dem Jahr 1882; wechselnde Ausstellungen.
Tel. 87 75 08 74 06; Mai–Sept. tgl. 9.30–17.30, Okt.–April 9.30–16.30 Uhr; Eintritt 4 €

– Wüstenhaus
In einem 100 Jahre alten Glashaus leben Pflanzen und Tiere, die ursprünglich aus den trockenen Regionen des Planeten stammen.
Mai–Sept. tgl. 9–18, Okt.–April tgl. 9–17 Uhr; Eintritt 4 €

Tiergarten Schönbrunn

Ältester Zoo der Welt. Kaiser Franz I. ließ ihn 1752 errichten. Neben den klassischen Elefanten- und Raubtiergehegen gibt es – vor allem für Kin-

In der Spanischen Hofreitschule werden täglich die wertvollen Lipizzaner dressiert.

der – ein Tiroler Bauernhaus mit Tieren zum Streicheln, das Affenhaus, ein Koala-Haus und noch vieles mehr.
XIII.; www.zoovienna.at; U-Bahn: Schönbrunn/Hietzing; Tel. 87 79 29 40; tgl. 9–18.30, im Winter 9–16.30 Uhr; Eintritt Erwachsene 12 €, Kinder bis 6 J. frei, von 6–19 J. 5 €

Secession → S. 116, C 17

Eine prachtvolle Kuppel mit 3000 vergoldeten, stilisierten Lorbeerblättern und darunter der Spruch »Der Zeit ihre Kunst. Der Kunst ihre Freiheit«. Das Jugendstilgebäude wurde 1897/98 von Josef Maria Olbrich errichtet und war der Ort einer Revolution gegen das konservative Künstlerhaus. Die Secessionisten rund um Otto Wagner und Gustav Klimt schufen sich damit ein der neuen Kunstform entsprechendes Ausstellungsgebäude. Fragmente des 34 m langen Beethovenfrieses von Klimt werden ausgestellt.
I., Friedrichstr. 12; U-Bahn: Karlsplatz; Tel. 5 87 53 07; www.secession.at; Di–So 10–18, Do 10–20; Eintritt 6 €

Spanische Hofreitschule → S. 110, C 8

Wenn Reiter in Livree und weißen Hirschlederhosen auf weißen Pferden ihre Pirouetten drehen, dann weiß man, wo man ist: in der Spanischen Hofreitschule. Sie besteht seit 1572 als das älteste Reitinstitut der Welt. Die Pferde werden in der Weststeiermark gezüchtet und verbringen dort auch ihren »Sommerurlaub« (deshalb ist die Reitschule im Juli und August geschlossen). Ansonsten sind die Stallungen im Renaissancebau der Stallburg untergebracht, in der benachbarten Winterreitschule finden die öffentlichen Vorführungen statt. Man kann den Schimmeln und ihren staatlichen Rittmeistern auch bei der Morgenarbeit zusehen oder das benachbarte **Lipizzanermuseum** besuchen (→ Museen, S. 67).
I., Michaelerplatz 1 (Eingang vom Josefsplatz); Tel. 5 33 90 31; www.srs.at; U-Bahn: Stephansplatz; Führungen Di–Sa 14, 15 und 16 Uhr; Eintritt 15 €; an ausgewählten Tagen ist um 10 Uhr der kombinierte Besuch des Stalls und der Morgenarbeit mit Musik möglich (Eintritt 26 €); Eintrittskarten im Besucherzentrum am Michaelerplatz

Staatsoper → S. 116, C 17

Die Staatsoper wurde von Eduard van der Nüll und August von Sicardsburg zwischen 1861 und 1869 im Stil der italienischen Renaissance errichtet und gilt als der imposanteste Ringstraßenbau. Die Oper ist nach telefonischer Anfrage (Tel. 5 14 44-26 06) zu besichtigen (→ Am Abend, S. 37).
I., Opernring 2; www.wiener-staatsoper.at; U-Bahn: Karlsplatz/Oper; Straßenbahn: Linie 1 und 2; Eintritt 6,50 €

Stephansdom → S. 111, D 8

Der bedeutendste gotische Bau Österreichs: Auch ohne vollendeten Nordturm (wo seit 1958 die gewaltige Glocke »Pummerin« läutet) ist der »Steffl« mit dem imposanten, 137 m hohen Südturm das Wahrzeichen 7

Wiens. Von oben bietet sich eine schöne Aussicht über die Stadt; man muss dazu nur die 343 Stufen bis zur 73 m hohen Türmerstube überwinden und dem »Drehwurm« auf der steilen Wendeltreppe trotzen (tgl. 9–17.30 Uhr; Eintritt 3,50 €). Vom Nordturm genießt man einen Ausblick über die Stadt, der bis weit hinter die Donau reicht (Nov.–März 8.30–17 Uhr, April–Juni, Sept., Okt. 8.30–17.30 Uhr, Juli, Aug. 8.30–18 Uhr; Aufzug von April–Juni, Sept. und Okt. 8.30–17.30 Uhr; Eintritt 4,50 €).

Die Westfassade mit dem Riesentor hat sich noch vom romanischen Bau erhalten, der Rest ist gotisch: In den Jahren 1304 bis 1340 wurde der dreischiffige Hallenchor errichtet, 1359 folgte das Langhaus. 1433 wurde der Südturm vollendet. Die Arbeiten am Nordturm wurden 1511 eingestellt.

Im Inneren ist die von Anton Pilgram 1514/15 geschaffene Kanzel – der »Fenstergucker« an ihrem Sockel ist der Dombaumeister selbst – sehenswert; auch das Grabmal von Kaiser Friedrich III. in rotem Marmor (erbaut 1467 bis 1513 von Niclas Gerhaert van Leyen) und der Wiener Neustädter Altar, ein kunstvoll verzierter gotischer Flügelaltar (1477),

Der Stephansdom 7

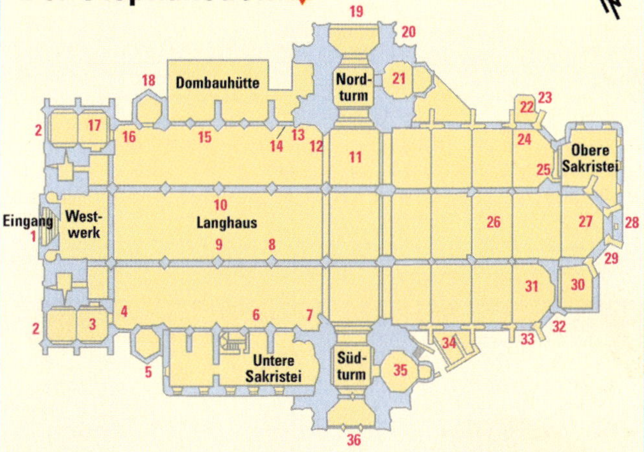

1 Riesentor
2 Heidentürme
3 Herzog-/Eligiuskapelle
4 Altarbaldachin
5 Singertor
6 Dreifaltigkeitsaltar
7 Altarbaldachin
8 Januariusaltar
9 Johannesaltar
10 Kanzel (Fenstergucker)
11 Abgang zu den Katakomben
12 Peter-und-Paul-Altar
13 Orgelfuß
14 Pummerin
15 Franz-von-Assisi-Altar
16 Altarbaldachin
17 Grabmal Prinz Eugen von Savoyen
18 Bischofstor
19 Adlertor
20 Celtis-Gedenktafel
21 Barbarakapelle
22 Totenkapelle
23 Capistran-Kanzel
24 Hochgrab Rudolph IV.
25 Wiener Neustädter Altar
26 Albertinischer Chor
27 Hochaltar
28 Zahnwehherrgott
29 Passionsfresken
30 Winterchor mit Reliquienschatzkammer
31 Hochgrab Friedrich III.
32 Lackner-Gedenktafel
33 Straub-Gedenktafel
34 Mesnerhaus
35 Katharinenkapelle
36 Primglöckleintor

lohnen den Blick. Das barocke Grabmal Prinz Eugens von Savoyen befindet sich ebenfalls in der Kirche. Neben dem Aufzug zum Nordturm befindet sich der Abgang zu den Katakomben (nur mit Führung: Mo–Sa 10–11.30 und 13.30–16.30 Uhr, So und an Feiertagen 13.30–16.30 Uhr, halb- oder viertelstündlich; Eintritt 4,50 €): Hier stehen 56 Urnen mit Eingeweiden von Habsburgern, deren Körper in der Kapuzinergruft (→ Sehenswertes, S. 52) ruhen. Daneben sind noch Herzog Rudolf der Stifter und 14 weitere Habsburger hier bestattet.

I., Stephansplatz; Tel. 5 15 52-35 26; www.stephanskirche.at; U-Bahn: Stephansplatz; Mo–Sa 6–22, So und Fei 7–22 Uhr; Führungen Mo–Sa 10.30 und 15, So und Fei 15 Uhr, Abendführung Juni–Sept. mit Dachrundgang Sa 19 Uhr; Eintritt 10 €

Synagoge → S. 111, D 7

Die Synagoge in der Seitenstettengasse überstand als einzige der Stadt die Reichskristallnacht von 1938. Vorher hatte Wien 94 Synagogen. Der jüdische Tempel wurde 1825/26 nach Plänen von Josef Kornhäusel entworfen.

I., Seitenstettengasse 2–4; U-Bahn: Schwedenplatz

Universitätscampus → S. 110, A 6

Das ehemalige AKH (Allgemeines Krankenhaus) war einmal das modernste Krankenhaus der Welt, als es Kaiser Joseph II. 1784 errichten ließ. Um einen großen Hof gruppieren sich zwölf kleinere Höfe, und in der Sensengasse steht noch der fünfstöckige kreisrunde »Narrenturm«, wo früher die psychisch Kranken »verwahrt« wurden. Heute ist hier das **Pathologisch-Anatomische Bundesmuseum** (Tel. 4 06 86 72; www.narrenturm.info) mit einer sinistren Sammlung von künstlichen Organen, konservierten Föten etc. untergebracht, das allerdings nur Leute mit starken Nerven besuchen sollten (Mi 15–18, Do 8–11, jeden ersten Sa im Monat 10–13 Uhr; Eintritt 2 €). Im alten AKH – übrigens nicht zu verwechseln mit dem neuen

Auf dem schönen Zentralfriedhof sind einige namenhafte Wiener Ehrenbürger begraben. Dadurch hat sich der Ort zu einem beliebten Ausflugsziel entwickelt.

AKH – wurde auch die weltberühmte Wiener Medizinische Schule geboren. Der Gebäudekomplex ist heute ein Teil der Universität. Einer der Innenhöfe gilt dessen ungeachtet im Sommer als »schönster Biergarten der Stadt«.
IX., Alser Straße/Spitalgasse; U-Bahn: Rathaus/Schottentor

UNO-City S. 113, nördl. E 9
Von 1973 bis 1979 wurde das »Vienna International Centre« (so der offizielle Name) für die ansässigen UN-Organisationen errichtet. Die vier Bürotürme mit ihren etwa 24 000 Fenstern sind schon von Weitem sichtbar.
XXII., Wagramer Straße/Donaupark; Tel. 2 60 60 33 28; www.unvienna.org; U-Bahn: Donauinsel; Führungen Mo–Fr 11 und 14 Uhr; Eintritt 5 €

Volksgarten S. 110, B 8
Der für die Wiener Bürger freigegebene Teil der von Napoleon zerstörten Burgbastei (der andere war der kaiserliche Burggarten) mit Denkmälern von Kaiserin Elisabeth und Franz Grillparzer ist der zweitälteste Park der Stadt; er wurde 1823 angelegt. Der Theseustempel in der Mitte des Gartens wurde dem athenischen Theseion nachempfunden (1820–1823).
I., Dr.-Karl-Renner-Ring; U-Bahn: Volkstheater

Votivkirche S. 110, B 6
Manche Wienbesucher halten die 1856 bis 1879 von Heinrich von Ferstel errichtete neugotische Votivkirche auf den ersten Blick für den Stephansdom. Ihr Bau wurde als Dank für die Errettung des jungen Kaisers Franz Joseph vor einem Attentat initiiert. In ihrem Inneren ist ein Renaissance-Grabmal für Graf Niklas Salms (der Befehlshaber während der ersten Türkenbelagerung 1529) sehenswert.
IX., Rooseveltplatz; U-Bahn: Schottentor

Wiener Sängerknaben
Der berühmte Knabenchor tritt – mit Ausnahme der Sommermonate – an verschiedenen Orten in Wien auf. Jeden Sonntag um 9.15 Uhr (pünktlich!) findet eine Messe in der Burgkapelle im Schweizerhof der Hofburg statt. Die Messe wird von der Hofmusikkapelle untermalt – bestehend aus Mitgliedern der Sängerknaben und Teilen des Chors und Orchesters der Wiener Staatsoper. An der Tageskasse der Burgkapelle gibt es jeden Freitag von 15 bis 17 Uhr Restkarten für den folgenden Sonntag. Die Sängerknaben sind im Mai, Juni, Sept., Okt. zudem jeden Freitag um 16 Uhr im Brahmssaal des Musikvereins zu hören.

Wotrubakirche
S. 114, südwestl. A 16
Nach Entwürfen des Wiener Bildhauers Fritz Wotruba (1907–1975) wurde diese Kirche zur Heiligsten Dreifaltigkeit 1976 aus versetzt angeordneten Quadern geschaffen.
XXIII., Mauer, Georgsgasse; S-Bahn: Atzgersdorf-Mauer; Bus: 60 A; Besichtigung Sa 14–20, So 9–16.30 Uhr

Zentralfriedhof
S. 118, südöstl. C 24
Drei Millionen Wiener haben hier ihre letzte Ruhestätte gefunden. 2000 Ehren- und Prominentengräber sorgen dafür, dass der Zentralfriedhof, weit draußen an der östlichen Peripherie gelegen, auch ein beliebtes Ausflugsziel der Bevölkerung ist: Beethoven und Gluck, Nestroy und Anzengruber ruhen neben vielen anderen großen Namen im Ehrenhain; auch Hans Moser, Curd Jürgens und Helmut Qualtinger wurden auf dem 2,5 qkm großen Areal bestattet. Die Stile der oft bombastischen Grabstellen sind vielfältig, manche brauchen selbst einen Vergleich mit dem Ringstraßen-Prunk nicht zu scheuen. Friedhofsführer – vom Faltblatt bis zum Bildband – erhalten Sie an Tor 2.
XI., Simmeringer Hauptstr. 234; S-Bahn: Zentralfriedhof; Straßenbahn: 71, 72; Nov.–Feb. 8–17, März, April, Sept., Okt. 7–18, Mai–Aug. 7–19 Uhr

Museen und Galerien

Über 120 Museen und Galerien gibt es in Wien – eine riesige Palette, die die Besucher begeistert.

Das Museum moderner Kunst Stiftung Ludwig im MuseumsQuartier (→ S. 67) – kurz MUMOK – ist das größte österreichische Museum für internationale und moderne Kunst.

Vielleicht liegt es am Hang der Wiener zum Sammeln – vielleicht ist auch nur in der einstigen Kapitale eines Weltreiches mit 50 Millionen Menschen so viel an Ausstellenswertem »hängen geblieben« ... Auf jeden Fall lohnen viele Wiener Museen einen Besuch. Natürlich sind es vor allem die großen und bedeutenden Sammlungen wie das **Kunsthistorische**, das **Naturhistorische**, die Museen der **Hofburg**, das **Wien Museum** oder das **Jüdische Museum**, die zu Pflichtpunkten bei einem Wienbesuch gehören.

Für den fortgeschrittenen Stadtbummler lohnen dann die **Museen der Ringstraße** oder die Galerien im **Oberen Belvedere**: Hier werden die Besucher schon weniger, und der Genuss nimmt zu. Fast ganz unter Einheimischen ist man dann schließlich in den unbekannteren der Wiener Museen, etwa dem **Bestattungsmuseum**, dem **Fiakermuseum** und auch dem **Josephinum** mit seinen fast makabren Ausstellungsstücken von in Wachs modellierten Körperteilen.

Eine Ansammlung verschiedener Ausstellungen findet man im **MuseumsQuartier**. Untergebracht in den ehemaligen Hofstallungen, sind hier einige der bedeutendsten Museen und Sammlungen Wiens vereint: das **Leopold-Museum** mit der weltweit größten Schiele-Sammlung, das **Museum moderner Kunst Stiftung Ludwig Wien** mit seiner ebenfalls außerordentlichen Sammlung moderner und zeitgenössischer Kunst und die **Kunsthalle Wien**. Mit dem **Architekturzentrum** und dem **Zoom-Kindermuseum** ergibt das eine breite Palette, für die man sich schon einen ganzen Museumstag reservieren sollte.

Gerade die Museen rund um die Hofburg sind bei Gästen und Einheimischen gleichermaßen beliebt; einen Besuch sollte man daher nach Möglichkeit auf den frühen Morgen legen. Etabliert hat sich auch ein langer Museumsabend: Meist am Donnerstag, manchmal auch am Dienstag oder Mittwoch, sind einige Häuser bis 22 Uhr geöffnet. In den meisten Museen erhält man übrigens mit der Wien-Karte (→ MERIAN-Tipp, S. 106) eine Ermäßigung auf den Eintritt.

Über die zahlreichen wechselnden Ausstellungen in den Museen und Galerien der österreichischen Metropole informiert man sich am besten in den Wiener Tageszeitungen, den Stadtmagazinen »Falter« und »City« oder über die Wien Tourismus.

Museen

Akademie der Bildenden Künste

→ S. 116, C 17

Die einzige Hochschule im deutschsprachigen Raum, der eine Galerie alter Meister angegliedert ist: holländische und flämische Malerei, darunter Rembrandt und Rubens, aber auch Cranach und Tizian.

I., Schillerplatz 3; Tel. 5 88 16-225; www.akbild.ac.at; Straßenbahn: Linie 1 und 2; wegen Umbau bis Sept. 2009 nur eingeschränkt zugänglich; Eintritt 7 €

Albertina

→ S. 110, C 8

Die größte grafische Sammlung der Welt – Einzelausstellungen von Rubens, Chagall und Mondrian. Die Albertina besitzt aber auch eineinhalb Millionen Druckgrafiken, und ein einzigartiger Bestand an Blättern Albrecht Dürers ist hier zu finden – aus Platzmangel ist jedoch nur ein kleiner Teil davon zu sehen. 9

I., Augustinerstr. 1; Tel. 5 34 83-0; www.albertina.at; U-Bahn: Karlsplatz/Oper; tgl. 9–18, Mi 9–21 Uhr; Eintritt 9,50 €

Bestattungsmuseum

→ S. 117, E 19

Der Tod, das muss ein Wiener sein ... Deshalb wurden hier auch die Beerdigung und die »schöne Leich'« zur Kunst erhoben. Hier ist neben vielen anderen makabren Exponaten auch der berühmte »Sparsarg« aus den Tagen Josephs II. ausgestellt: Er ließ sich mittels einer Klappe unten öffnen, die Leiche fiel ins Grab – und der Sarg konnte zum weiteren Gebrauch wieder mitgenommen werden …

IV., Goldegggasse 19; www.bestattungwien.at; Straßenbahn: 0, 3, 18; Führung nach Vereinbarung (Tel. 50 19 50); Eintritt mit Führung 4,50 €

Fälschermuseum → S. 112, A 12

Van Gogh, Rembrandt und Klimt unter einem Dach – nicht die Originale, aber hervorragende Kopien weltberühmter Gemälde und dazu Geschichten über die berühmtesten Fälscher.

III., Löwengasse 28; Tel. 7 15 22 96; Straßenbahn: Linie 1; Di–So 10–17 Uhr; Eintritt 3,50 €

Hofjagd- und Rüstkammer → S. 51

Seit der Renovierung präsentiert sich die Hofjagd- und Rüstkammer in der Hofburg in neuem Glanz; sie gilt als die weltweit bedeutendste Sammlung ihrer Art. Rüstungen und Waffen aus fünf Jahrhunderten sind zu sehen: die verschiedensten Prunkharnische der österreichischen Kaiser, dazu Kettenhemden und Streitkolben, elfenbeinverzierte Pistolen und auch der Hinterladerstutzen, mit dem Kaiser Franz Joseph einst auf die Jagd ging.

I., Hofburg/Heldenplatz; Straßenbahn: Linie 1 und 2; tgl. außer Di 10–18 Uhr; Eintritt 8 € (mit Völkerkundemuseum)

Josephinum → S. 110, A 5/6

In der einstigen chirurgisch-medizinischen Militärakademie befindet sich die von Kaiser Joseph II. in Auftrag gegebene Kollektion von anatomischen Wachsfiguren. Der Kaiser ließ seine Militärärzte daran die inneren Organe des Menschen studieren – er fand, dass die Mediziner zu schlecht ausgebildet waren. Heute ergötzen sich Museumsbesucher an den lebensecht gestalteten Ausstellungsstücken, deren künstlerischer Wert außer Frage steht: Frauen mit offen gelegten Innereien, perlengeschmückt auf Samt gebettet; Männer mit abgeschälten Muskelpaketen in hohen Glasvitrinen …

IX., Währinger Str. 25; Tel. 42 77-6 34 22; Straßenbahn: 37, 38, 40, 41, 42; Mo–Fr 9–15 Uhr; jeden ersten Sa im Monat 10–14 Uhr, Eintritt 2 € (außer an Feiertagen)

Jüdisches Museum der Stadt Wien → S. 110, C 8

Das Museum wurde im Jahr 1993 in einem alten Gebäude, dessen Geschichte ins Mittelalter zurückreicht, eingerichtet und 1995/96 von den Architekten Eichinger & Knechtl erweitert. Die Ausstellungen widmen sich der langen Geschichte der Juden in Wien – und dem Holocaust: Von einstmals 183 000 jüdischen Mitbürgern fielen ihm 181 000 zum Opfer. Daneben gibt es regelmäßig Ausstellungen über wechselnde jüdische Themen.

I., Dorotheergasse 11; Tel. 5 35 04 31; www.jmw.at; U-Bahn: Stephansplatz; So–Fr 10–18 Uhr; Eintritt 6,50 €

KunstHausWien → S. 112, A 11

Wer sich für die fehlenden Geraden im Werk Hundertwassers interessiert, der ist im KunstHaus richtig: Dort ist eine ständige Schau des Meisters zu sehen. Sonst gibt es Themenausstellungen aus Klassik und Avantgarde.

III., Untere Weißgerberstr. 13; Tel. 7 12 04 91; www.kunsthauswien.com; Straßenbahn: 0, 2; tgl. 10–19 Uhr; Eintritt 9 €

Kunsthistorisches Museum → S. 116, B 17

Die Geschichte der Kunst aus österreichischer Sicht wird hier gezeigt. Und die ist weltumspannend – schließlich nannte die k.u.k.-Monarchie doch auch einmal Besitzungen in Übersee ihr Eigen. Daher ist »das Kunsthistorische« eines der bedeutendsten Museen unseres Planeten – nicht nur wegen der Gemäldegalerie mit der größten Brueghel-Sammlung der Welt, sondern auch auf Grund der Ägyptisch-Orientalischen Sammlung,

Unverkennbar Hundertwasser – was schon von außen unübersehbar ist, setzt sich im Inneren des KunstHausWien im dritten Bezirk durch eine ständige Schau fort.

der Antikensammlung und der Sammlung für Plastik und Kunstgewerbe.

I., Maria-Theresien-Platz; U-Bahn: Volkstheater; Tel. 5 25 24-0; www.khm.at; Di–So 10–18, Do 10–21 Uhr; Eintritt 10 €

Liechtenstein Museum

→ S. 110, B 5

Wiens jüngster Kunsttempel zeigt die Sammlung der Fürsten Liechtenstein: Rubens, van Dyck, Cranach oder Raffael. Schon das barocke Palais Liechtenstein und der herrliche historische Garten sind allein einen Besuch wert!

IX., Fürstengasse 1; Tel. 3 19 57 67; www.liechtensteinmuseum.at; Straßenbahn: 3; Fr–Di 10–17 Uhr; Eintritt 10 €

Lipizzanermuseum

→ S. 51

In der ehemaligen Hofapotheke in der Stallburg zeigt das neu eingerichtete Museum anhand vielerlei Schaustücke und Gemälde die Geschichte der berühmten weißen Pferde.

I., Reitschulgasse 2; Tel. 5 25 24-34 52; www.khm.at; U-Bahn: Herrengasse; tgl. 9–18 Uhr; Eintritt 5 €

MuseumsQuartier

→ S. 116, A/B 17

10

In den ehemaligen Hofstallungen verband das Architektenteam Laurids & Manfred Ortner und Martin Wehdorn Barock mit Moderne. Untergebracht sind hier nun einige der bedeutendsten Kunstsammlungen Österreichs: das Leopold-Museum und das Museum Moderner Kunst Stiftung Ludwig mit seiner grandiosen Sammlung internationaler sowie österreichischer Kunst aus dem 20. Jh. Außerdem sind hier noch die Kunsthalle Wien mit Wechselausstellungen, das Architektur Zentrum Wien und das Zoom-Kindermuseum beheimatet. Im **quartier21** finden auf den beiden Kunstflaniermeilen »Electric Avenue« sowie »transeuropa« auf 4000 qm ca. 20 neue Kulturinitiativen Platz, ebenso die Wiener Festwochen und das Tanzfestival **Im Puls Tanz** (→ Feste und Events, S. 40).

VII., Museumsplatz 1; Tel. 60 06 00; www.mqw.at; U-Bahn: Volkstheater; MQ Kombi-Ticket 25 €

- **Architektur Zentrum Wien**
  www.azw.at; tgl. 10–19 Uhr; Eintritt 5 €
- **Dschungelwien – Theaterhaus für junges Publikum**
  www.dschungelwien.at
- **KUNSTHALLE wien**
  tgl. 10–19, Do 10–22 Uhr; Halle 1: Eintritt 8,50 €, Halle 2: Eintritt 7 €
- **Leopold-Museum**
  tgl. 10–18, Do 10–21 Uhr; Eintritt 10 €
- **MUMOK – Museum moderner Kunst**
  tgl. 10–18, Do 10–21 Uhr; Stiftung Ludwig Wien; Eintritt 9 €
- **Zoom Kindermuseum**
  www.kindermuseum.at; Eintritt Erwachsene 3,50 €, Kinder 5 €

Naturhistorisches Museum → S. 110, B 8

Besonders zu empfehlen sind der »Kindersaal« und der Sauriersaal mit seiner prähistorischen Abteilung mit Funden aus der Hallstattzeit.

I., Burgring 7; www.nhm-wien.ac.at; Tel. 52 17 70; U-Bahn: Volkstheater; Do–Mo 9–18.30, Mi 9–21 Uhr; Eintritt 8 €

Österreichische Galerie im Oberen Belvedere → S. 117, E 19

Das Museum hat sich der Kunst des 19. und 20. Jh. und den Werken der »Parademaler« Gustav Klimt und Egon Schiele verschrieben. Moderne Kunst von Kokoschka und Wotruba konnten hier ebenfalls ihren Platz finden.

III., Prinz-Eugen-Str. 27; Straßenbahn: 3; Di–So 10–18 Uhr; Eintritt 9,50 €

Österreichisches Museum für Angewandte Kunst (MAK) → S. 111, E 8

Das MAK ist das älteste Kunstgewerbemuseum auf dem Kontinent und wurde 1868 bis 1871 nach Plänen Heinrich Ferstels errichtet. Unter den Sammlungen ist auch ein eigener Schauraum mit Thonet-Stühlen von 1830 bis 1930 eingerichtet worden. Die Wiener Werkstätte und der Jugendstil sind umfassend dokumentiert. Dazu kommen ein interessanter Shop (→ Einkaufen, S. 26), ein Café und ein Restaurant am Stubenring.

I., Stubenring 5; Tel. 7 11 36-0; www.mak.at; U-Bahn: Stadtpark; Straßenbahn: Linie 1 und 2; Mi–So 10–18, Di 10–24 Uhr; Eintritt 7,90 € (Sa und 26. Okt. Eintritt frei)

Pathologisch-Anatomisches Bundesmuseum

→ Universitätscampus, S. 62

Eine von vielen Abteilungen des Naturhistorischen Museums: die Säugetiersammlung.

Schatzkammer ⇢ S. 51
In der Geistlichen und Weltlichen Schatzkammer in der Hofburg sind die Reichsinsignien der Habsburger zu finden: vom Burgunderschatz über die Krone des Heiligen Römischen Reiches aus dem 10. Jh. bis zur Österreichischen Kaiserkrone, der ehemaligen Krone Rudolfs II. – Exponate von unermesslichem Wert.
I., Hofburg, Schweizerhof; U-Bahn: Herrengasse; Mi–Mo 10–18 Uhr; Eintritt 10 €

Theatermuseum ⇢ S. 110, C 8
Das Palais Lobkowitz besitzt ein Barockportal von Johann Bernhard Fischer von Erlach (1709–1711). Dahinter verbirgt sich eine faszinierende Kollektion Wiener Theaterlebens: Bühnenmodelle, Requisiten, Zeichnungen und mehr. Kinder haben hier ihre eigene Abteilung.
I., Lobkowitzplatz 2; Tel. 5 25 24-34 60; www.theatermuseum.at; U-Bahn: Stephansplatz; tgl. außer Mo 10–18 Uhr; Eintritt 4,50 €

Wien Museum ⇢ S. 117, D 17
Das Wien Museum präsentiert Kunst- und historische Sammlungen zur Geschichte der Stadt, u.a. eine Gemäldesammlung mit Werken von Klimt und Schiele. Daneben existiert eine Reihe von Dependancen – von der Hermesvilla im Lainzer Tiergarten (ehemals das Schloss der Kaiserin Elisabeth) bis zum Schubert-Sterbezimmer.
IV., Karlsplatz; Tel. 5 05 87 47; www.wienmuseum.at; U-Bahn: Karlsplatz; Di–So 9–18 Uhr; Eintritt 6 €

Wiener Straßenbahnmuseum ⇢ S. 118, C 22
In der ehemaligen Remise Erdberg sind mehr als 80 historische Bahnen zu sehen, von der Pferdetramway bis zum modernen Gelenkwagen.
III., Erdbergstr. 109; Tel. 79 09-4 18 00; www.wienerlinien.at; U-Bahn: Schlachthausgasse; Mai–Anfang Okt. Sa, So und Fei 9–16 Uhr (im Winter geschlossen); Eintritt 3 €

Galerien

Galerie nächst St. Stephan ⇢ S. 111, D 8
Zeitgenössische Kunst – nicht nur aus Österreich.
I., Grünangergasse 1; Tel. 5 12 12 66; www.schwarzwaelder.at; Mo–Fr 11–18, Sa 11–16 Uhr

Galerie Slavik ⇢ S. 111, D 8
Schmuckgalerie, die durch experimentelles Interieur von Edmund Hoke glänzt. Unikate der Avantgardisten.
I., Himmelpfortgasse 17; Tel. 5 13 48 12; www.galerie-slavik.com; Di–Fr 10–13 und 14–18, Sa 10–17 Uhr

Galerie Steinek ⇢ S. 111, D 8
Neben österreichischer Gegenwartskunst auch internationale Acts.
I., Eschenbachgasse 4; Tel. 5 12 87 59; www.galerie.steinek.at; Di–Fr 13–18, Sa 11–15 Uhr

MERIAN-Tipp

8 Gedächtnisstätten und Sterbezimmer

Im **Sigmund-Freud-Museum** (IV., Berggasse 19 ⇢ S. 110, B 6) fehlt nur die berühmte Couch. **Franz Schuberts Sterbezimmer** (IV., Kettenbrückengasse 6 ⇢ S. 116, B 18) wurde so spartanisch belassen, wie es einst war. Dafür wurde in seinem Geburtshaus (IX., Nußdorfer Str. 54 ⇢ S. 110, nördlich A 5) neben dem **Schubert-Museum** eine **Adalbert-Stifter-Gedenkstätte** eingerichtet. **Beethoven** hat gleich drei Gedächtnisstätten, eine davon im I. Bezirk (Pasqualatihaus, Mölker Bastei 8 ⇢ S. 110, B 7). Im **Figarohaus** (Domgasse 5 ⇢ S. 111, D 8) wird **Mozart** gedacht, **Johann Strauß** in der Praterstr. 54 (⇢ S. 111, F 6), **Brahms** und **Haydn** im VI. Bezirk in der Haydngasse 19 (⇢ S. 115, E 14). **Otto Wagners Wohnung** ist in der Döblergasse 4 (⇢ S. 109, F 4) zu finden.

Spaziergänge und Ausflüge

Eine Landschaft wie im Bilderbuch: Die aus dem Jahr 1190 stammenden Wehrkirche, historische Gässchen und gute Weine machen Weißenkirchen in der Wachau aus.

Vier Wege durch die Stadt und vier Streifzüge ins Umland: Touren im und um den I. Bezirk, in die berühmte Weinlandschaft Wachau, ins Naturschutzgebiet des Wienerwaldes und vieles mehr ...

Durch die Gassen des I. Bezirks – Stephansdom, Bermuda-Dreieck und Staatsoper

Charakteristik: Im engen Raum der quirligen Innenstadt konzentriert sich der größte Teil der Sehenswürdigkeiten Wiens; **Einkehrmöglichkeiten:** auf der gesamten Wegstrecke; **Dauer:** mit Pausen ca. 6–8 Stunden; **Länge:** ca. 4 km; **Karte:** ···> S. 73

Unser Spaziergang beginnt bei dem Wahrzeichen Wiens – dem gotischen 7 **Stephansdom**. Prägnant präsentiert sich der fertig gestellte Südturm; der Nordturm wurde, als die Gotik Anfang des 16. Jh. aus der Mode kam, nur mehr mit einem Renaissance-Turmhelm versehen und in seiner halben Höhe, die gerade über das Dach reicht, belassen.

Das Gotteshaus beherbergt eine Reihe von schönen Kunstwerken. In der Kirche befinden sich auch die Grabmäler des Prinzen Eugen von Savoyen und Kaiser Friedrich III. Man sollte bei einem Besuch im Stephansdom übrigens nicht versäumen, einen Blick über die Stadt zu werfen: Dazu erklimmen Sie die 373 Stufen zur Türmerstube im Südturm, oder Sie nehmen – weniger anstrengend – den Aufzug auf den Nordturm.

Wieder am Boden, führt unser Weg am imposanten Riesentor vorbei nach rechts in die Churhausgasse, zur **Schatzkammer des Deutschen Ordens**, der zweiten, aber im Vergleich zu jener in der Hofburg unbekannteren Schatzkammer der Stadt: Die Ordensinsignien, wertvolle Kelche und Gläser, aber auch die »Natternzungen-Kredenz«, die einst zum Entgiften vergifteter Speisen diente, wurden hierher geschafft, als Napoleon den Orden in Deutschland verbot.

Schatzkammer des Deutschen Ordens ···> Universitätskirche

Südöstlich davon, am Beginn der Singerstraße, liegt der idyllische kleine Franziskanerplatz mit der gleichnamigen Kirche. In einem Gebäude dahinter versteckt sich das Kleine Café des Schauspielers Hanno Pöschl, eines der wienerischsten – und vielleicht das winzigste von allen Beisln der Stadt. Etwas Besonderes ist hier die »Zehnermischung«: Rum, Orangensaft und Rotwein in einem nur dem Barmann bekannten Mischungsverhältnis.

Über die Schulerstraße und die Wollzeile bummeln wir nun in die Bäckerstraße und vorbei an renommierten Wiener Szenelokalen, etwa dem Café Alt-Wien (Bäckerstr. 9, ···> S. 111, E 8), zur früheren Jesuiten- und heutigen Universitätskirche. Ist es schon Mittagszeit, wäre der traditionelle Wiener Gasthof Pfudl (Bäckerstr. 22, ···> S. 111, E 8) ein Tipp für ein reichhaltiges Mittagessen in einem »besseren« Beisl.

Universitätskirche ···> Bermuda-Dreieck

Anschließend gehen wir von der Jesuitenkirche durch die Jesuitengasse und Schönlaterngasse zum **Heiligenkreuzer Hof**. Durch die Pforte öffnet sich einem mitten in Wien ein weitläufiger barocker Platz mit sorgfältig renovierten Wohnhäusern und kleiner Kapelle.

Trotz dieses barocken Zwischenspiels sind wir jetzt im Zentrum der mittelalterlichen Stadt: Über den Fleischmarkt geht es in die enge kleine Griechengasse mit ihren Schwibbögen und Prellsteinen zum Schutz der engen Gassen vor Fuhrwerken. Das Griechenbeisl (Fleischmarkt 11, ···> S. 111, D 7) dessen Schanigarten sich auf die Straße erstreckt und das selbst in einem Haus mit meterdicken Mauern untergebracht ist, gilt als ältestes Wirtshaus der Donaustadt.

Auf der gegenüberliegenden Seite der Rotenturmstraße beginnt das

Bermuda-Dreieck. Rund um Rabensteig und Seitenstettengasse tummeln sich Wiens Szenelokale wie das Krah-Krah oder der Rote Engel (→ S. 35); es gibt aber auch einige Eisdielen und kleine Geschäfte.

Bermuda-Dreieck ···> Ankeruhr

Noch mitten in diesem belebten Teil der Innenstadt liegt der Ruprechtsplatz mit der kleinen **Ruprechtskirche**, das älteste Gotteshaus von Wien, in dem regelmäßig Konzerte stattfinden. Die kleine Gasse Salzgries und einige Lokale erinnern mit ihrem Namen noch heute an das »Salzamt«, das sich einst hier befand: Unterhalb der Kirche legten die Salzschiffe aus dem Salzkammergut an.

Wir wenden uns jetzt nach links, in die Judengasse, und gehen vorbei am koscheren Restaurant Arche Noah zum Hohen Markt mit den Resten des römischen Legionslagers Vindobona (zu sehen in Haus Nr. 3). In der Mitte des Platzes liegt eine der besonderen gastronomischen »Institutionen« von Wien, die man auch nach einem abendlichen Bummel durch das Bermuda-Dreieck noch besuchen kann: Der Würstelstand am Hohen Markt gilt als einer der besten der Stadt. Zu sehen ist hier auch die Ankeruhr – eine 10 m breite Jugendstiluhr, die zwei Gebäude verbindet.

Ankeruhr ···> Am Hof

Durch die Salvatorgasse führt unser Weg weiter zur Kirche Maria am Gestade. Ihren Namen hat die kleine gotische Kirche mit den kunstvollen Maßwerkarbeiten, weil sie einst am Steilufer eines Donauarms lag. In diesem Teil der Innenstadt ist nichts mehr von mittelalterlicher Enge zu sehen – hier erheben sich zahlreiche oft

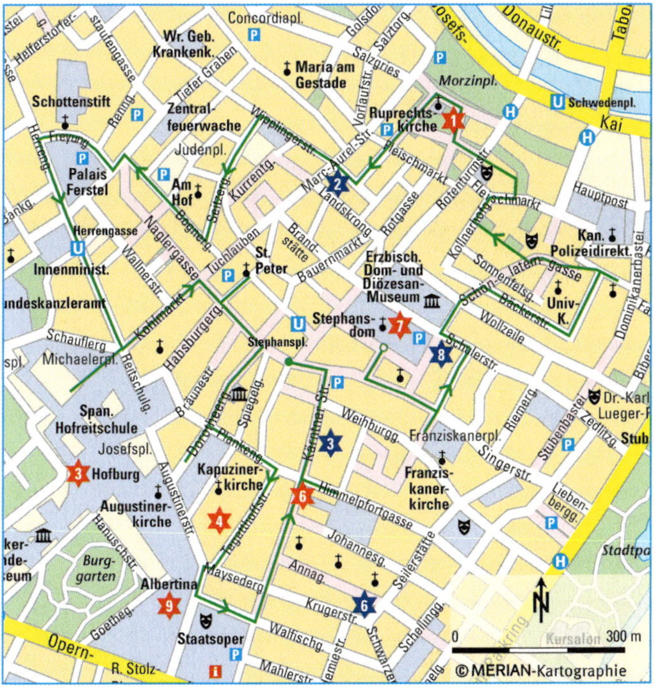

gesichtslose Wohn- und Bürohäuser, nur unterbrochen von kleinen Relikten der Vergangenheit. Daher wenden wir uns vom Passauer Platz wieder nach links und kommen über den Stoß im Himmel und das Alte Rathaus zum Judenplatz, dem Herz des einstigen Ghettos. Im anschließenden Schulhof (Nr. 2) ist in einem ehemaligen Stadtpalais das **Uhrenmuseum** untergebracht. Die sehenswerte Sammlung besteht aus 3000 Stücken, darunter eine Bilderuhr mit einem Wasserfall und eine astronomische Kunstuhr, die für eine einzige Umdrehung 20 904 Jahre benötigt. Gleich daneben befindet sich das **Puppen- und Spielzeugmuseum**, dessen Ausstellungsstücke von zwei leidenschaftlichen Sammlern über viele Jahre zusammengetragen wurden.

Am Hof ···> Michaelerplatz

Am Hof stand im Mittelalter die erste Residenz der Babenberger. Auch hier sind, wie am Hohen Markt, Reste des römischen Militärlagers zu sehen. Wir spazieren weiter zur Freyung, blicken in die Einkaufspassage im renovierten Palais Ferstel und gehen zum gegenüberliegenden Schottenstift mit der Schottenkirche. Im angeschlossenen Museum ist der berühmte Schottenaltar aus dem 15. Jh. ausgestellt – mit der ersten Stadtansicht von Wien.

Durch die Herrengasse wandern wir vorbei am wieder erbauten Café Central (→ Essen und Trinken, S. 22, Sehenswertes, S. 55) – wer hineingeht, entdeckt die sitzende Statue des Dichters Peter Altenberg, der das Café Central einst als seine Wohnadresse angegeben hat.

Michaelerplatz ···> Dorotheum

Am Michaelerplatz führt das Michaelertor in die Hofburg; hier steht aber auch das Loos-Haus, das von Adolf Loos 1910/11 errichtet und von Kaiser Franz Joseph als »Haus ohne Augenbrauen« bezeichnet wurde, sowie das ebenfalls revitalisierte Café Griensteidel, das ursprünglich 1899 abgerissen wurde. Links über den Kohlmarkt erreichen wir in einem kurzen Spaziergang den Graben mit seiner noblen Einkaufspassage, den Juwelier- und Modegeschäften. In der von Johann Lukas von Hildebrandt geplanten **Peterskirche** prangt ein farbenfrohes barockes Kuppelfresko von Johann Michael Rottmayr, die »Himmelfahrt Mariens«.

Nach einem Abstecher zu Altmann & Kühne, wo Sie unvergleichlich köstliche, handgemachte Bonbons und Schokopralinés probieren können (→ Einkaufen, S. 26), biegen wir wieder nach rechts in die Dorotheergasse ein. Gleich ums Eck liegt die von bummelnden Wienern auch gerne mittags besuchte Bar Trzesniewski mit ihren stets vollen Stehtischen – die Sandwiches sind Legende.

Dorotheum ···> Kapuzinergruft

Im Dorotheum können Sie die derzeit zum Verkauf ausgestellten Kunstwerke begutachten, in den benachbarten Antiquitätengeschäften der Dorotheergasse und Spiegelgasse sind Stilmöbel, Bilder und kleinere Preziosen aus den unterschiedlichsten Epochen zu finden.

Auf dem Neuen Markt steht der üppige barocke **Donner-Brunnen**. Hier lohnt sich auch ein kulinarischer Zwischenstopp im Delikatessengeschäft Wild, in dessen erstem Stock man zu einem hervorragenden Mittagstisch einkehrt, oder im Stadthaus der Kurkonditorei Oberlaa, die nach Ansicht vieler Wiener die besten Mehlspeisen Österreichs herstellt. Und natürlich ist hier am Neuen Markt auch der Eingang zur Kapuzinerkirche mit der Kapuzinergruft ein touristisches Muss.

Kapuzinergruft ···> Staatsoper

Über die Tegetthoffstraße und vorbei am Café Tirolerhof gehen wir anschließend in südlicher Richtung zum Albertinaplatz und zum vom Bildhauer Alfred Hrdlicka 1988 bis 1991 errichteten (und lange Zeit wegen der Kosten und des prominenten Standortes angefeindeten) Denkmals gegen Krieg und Faschismus. Linker Hand erhebt

Die Wiener City lernt man am besten zu Fuß kennen – wer es bequemer möchte, kann sich auch typisch wienerisch von einem Fiaker herumkutschieren lassen.

sich die gewaltige, im Stil der Renaissance errichtete **Staatsoper**. Das Architektenteam Eduard van der Nüll und August von Sicardsburg schuf das Gebäude in den Jahren 1861 bis 1869. Doch herbe Kritik an seinem Gebäude trieb van der Nüll in den Selbstmord, und auch Sicardsburg starb bald danach. Der Legende nach soll sich nicht zuletzt Kaiser Franz Joseph bei der Eröffnung abfällig über den Bau geäußert haben – was die Architekten wohl am meisten getroffen hat. Nach dem Selbstmord, für den er sich mitverantwortlich fühlte, ließ der Kaiser bei vergleichbaren Anlässen daher nur mehr seine Floskel »Es war sehr schön, es hat mich sehr gefreut« hören ...

Staatsoper ···> Stephansdom

Auf der gegenüberliegenden Seite der Staatsoper führt die Kärntner Straße wieder zurück zum Stephansdom. Von hier empfiehlt sich noch ein Abstecher nach rechts in die Himmelpfortgasse: Gleich vis-à-vis vom Café Frauenhuber ist das kleine Antiquariat Alt-Österreich, wo Sie Postkarten aus der k.u.k-Zeit erwerben können.

6

Die **Kärntner Straße** war einst Wiens prachtvollste und nobelste Einkaufsstraße – und sie ist es eigentlich noch immer. Inzwischen machen sich hier freilich auch Fastfood-Ketten und Billigläden breit, Straßenmusikanten aus allen Teilen der Welt versuchen ein paar Euro zu ergattern, und die verschnörkelten Parkbänke sind mit Touristen überfüllt.

Wir bummeln zurück zum Stephansdom. Auf der linken Seite des Stephansplatzes erhebt sich das **Haas-Haus**, der von Hans Hollein geschaffene Einkaufstempel, in dessen verglaster Front sich der Stephansdom spiegelt. Von der Onyx-Bar in der obersten Etage genießt man einen tollen Blick auf den »Steffl«. Wer es gemütlicher – und billiger – haben möchte, geht um die Ecke zum Stock-im-Eisen-Platz: Im ersten Stock des Café de l'Europe hat man einen fast genauso schönen Blick über den Graben und kann noch dazu gut und günstig essen oder einfach einen Kaffee trinken und sich dabei in roten Ledersesseln vom Spaziergang erholen.

Von der Hofburg zum Rathaus – Durch Museen und entlang grüner Gärten

Charakteristik: Bei einem Bummel entlang der prachtvollen Ringstraße lernt man das imperiale Wien kennen; **Einkehrmöglichkeiten:** auf der gesamten Wegstrecke; **Dauer:** mit Pausen ca. 5–6 Stunden; **Länge:** ca. 2 km; **Karte:** → S. 77

Die alte Burgbastei, einen stark befestigten Teil der Stadtmauer, ließ Napoleon 1809 schleifen. Zuerst entstand hier das äußere Burgtor. Im Zuge des Baus der Ringstraße wurde daraus der **Heldenplatz**, der gemeinsam mit den gegenüberliegenden großen Museen und dem Volksgarten ein eindrucksvolles Gefühl der Weite vermittelt.

Hofburg → Maria-Theresien-Denkmal

Unser Spaziergang beginnt bei der **Hofburg**: Kaiser Franz Joseph ließ gegen Ende des 19. Jh. vom Architekten Gottfried Semper neben seiner alten Residenz das imposante Kaiserforum planen, in das neben einer gewaltigen zweiflügeligen Hofburg – nur einer der Flügel wurde realisiert – auch das Natur- und das Kunsthistorische Museum jenseits der Ringstraße hätten eingefügt werden sollen.

3

Zwei »Helden« thronen auf ihren Pferden zwischen Hofburg und Heldendenkmal: Die großartigen Reiterstandbilder von Erzherzog Karl und Prinz Eugen wurden von Anton Fernkorn in den Jahren 1859 und 1865 geschaffen.

Im Neuen Trakt der Hofburg befinden sich Dependancen des Kunsthistorischen Museums: Hofjagd- und Rüstkammer mit ihren beeindruckenden Exponaten, die Sammlung Alter Musikinstrumente und das Ephesos-Museum, das die österreichischen Grabungen im antiken Ephesos dokumentiert. Daneben liegt der Eingang zum Museum für Völkerkunde.

Durch den Leopoldinischen Trakt gelangt man zum Denkmal Kaiser Franz I. Das prachtvolle rot-goldene Renaissanceportal des Schweizertores führt in den Schweizerhof, wo sich auch der Eingang zur **Geistlichen und Weltlichen Schatzkammer** befindet.

Das Erzherzog-Karl-Denkmal auf dem schönen Heldenplatz lädt zum Verweilen ein.

Der Eingang zum **Prunksaal der Nationalbibliothek** befindet sich am anschließenden Josefsplatz, in dessen Mitte sich das Denkmal Joseph II. erhebt. An den Josefsplatz grenzen auch die Winterreitschule und die Stallburg, die Heimat der Lipizzaner.

Die **Kaiserappartements** betritt man durch das Kaisertor vom Platz in der Burg aus. Neben dem **Sisi-Museum** sind unter anderem das Konferenzzimmer, in dem der Ministerrat und der Kronrat tagten, und die Privatgemächer von Kaiser Franz Joseph I. und Kaiserin Elisabeth zu besichtigen. Die Räume sind üppig im Rokokostil mit Stuckaturen, wertvollen Wandteppichen und Kronleuchtern aus böhmischem Kristall ausgestattet. Die Silberkammer zeigt prachtvolles Tischgerät aus dem Besitz des Kaiserhauses.

Maria-Theresien-Denkmal ···> MuseumsQuartier

Nach dem Besuch in der Hofburg durchwandern wir den Burggarten und überqueren den Burgring zum Maria-Theresien-Denkmal. Fast 20 m hoch thront die Kaiserin zwischen dem Kunsthistorischen und dem Naturhistorischen Museum. Der gewal-

tige Sockel ihres Throns ist mit den Figuren ihrer Feldherrn und Berater geschmückt.

10 Über den Museumsplatz kommt man zum **MuseumsQuartier**. Das ehemalige Hofstallgebäude wurde 1723 bis 1725 nach Entwürfen von Johann Bernhard Fischer von Erlach erbaut. Heute befinden sich einige der bedeutendsten Museen Wiens in den einstigen Ställen nebst den damit verwobenen Neubauten: das Leopold-Museum, das Museum moderner Kunst Stiftung Ludwig Wien oder das Wiener Architekturzentrum, um nur einige zu nennen.

MuseumsQuartier ···> Spittelbergviertel

Durch den Hinterausgang gelangt man anschließend in die Breite Gasse. Am Anfang steht das »kleinste Haus Wiens«, erbaut 1877, in dem sich die Goldschmiede- und Uhrmacherwerkstätte Friedrich Schmollgruber befindet. Geht man die Breite Gasse weiter bis zur Karl-Schweighofer-Gasse, so gelangt man in Wiens größte Einkaufsstraße, die Mariahilfer Straße. Wir aber biegen nach rechts ab und kommen so über die Siebensterngasse in das revitalisierte Spittelbergviertel.

Der einstige Rotlichtbezirk, wo neben den Spielhöllen »Hübschlerinnen« (Prostituierte) ihre Dienste anboten – auch Joseph II. soll inkognito hier verkehrt haben –, wurde erst im Verlauf der Achtziger- und Neunzigerjahre renoviert und birgt heute ein nettes Sammelsurium gepflegter Barockhäuschen mit Lokalen und kleinen Geschäften. Die erste Straße des Viertels ist die Gutenberggasse, hier befindet sich das Haus »Zum sechsbeinigen Löwen«. Im »Zu ebener Erde und im ersten Stock« (nach einem Stück von Nestroy), einem Restaurant an der Ecke zur Burggasse, bekommt man gepflegte Wiener Küche serviert. Das nächste Sträßlein, die Spittelberggasse, ist das älteste des »Grätzels«.

Das dritte sehenswerte Straßenstück ist die Schrankgasse. Das Amerlinghaus ist ein typisches Wiener Vorstadtpawlatschenhaus, in dem sich ein Wirtshaus mit überdachtem Innenhof, das beliebte Amerlingbeisl, befindet. Das Lokal, seit Jahrzehnten ein Stück Alternativkultur, war der Auslöser für die Revitalisierung des gesamten Grätzels: Das kurz vor dem Abbruch stehende Gebäude wurde in den Siebzigerjahren sozusagen »instand besetzt« – und binnen kürzester Zeit ließen sich einige Kulturinitiativen hier nieder. Die Stadt kaufte daraufhin das Haus, überließ es den Besetzern – und rundherum begann die Kultur zu sprießen.

Wer will, kann nun noch die Siebensterngasse entlangwandern und in einer echten Wiener Wirtshausbrauerei, dem Siebensternbräu mit seinem hübschen Gastgarten, ein ausschließlich bei Vollmond gebrautes Vollmondbier probieren.

Spittelbergviertel ···> Burgtheater

Durch die Burggasse gelangt man zum Volkstheater, dem 1888 errichteten Musterbeispiel eines Theaterbaus. Über den Schmerlingplatz spazieren wir auf die Ringstraße und zum – von Teophil Hansen nach dem Vorbild eines griechischen Tempels errichteten – Parlament mit der gewaltigen Statue der Pallas Athene davor.

Durch den Rathauspark und über den Rathausplatz geht es weiter zum neogotischen Rathaus, auf dessen Turmspitze ein Wahrzeichen Wiens, der Rathausmann, balanciert. Bleibt man auf der Ringstraße, gelangt man zur Universität und zur Votivkirche, die als Dank für die Errettung Kaiser Franz Josephs vor einem Attentat errichtet wurde.

Sie können aber auch die Ringstraße vor dem Rathaus überqueren und erst einmal das Café Landtmann besuchen. Gleich daneben erhebt sich das Burgtheater, eine der ganz großen Bühnen des deutschsprachigen Raumes.

Entlang des Wien-Flusses – Beeindruckende Architektur und süße Köstlichkeiten

Charakteristik: Zeitreise zu den schönsten Gebäuden des Jugendstils, den Kunstwerken des Barock und der Moderne; **Einkehrmöglichkeiten:** auf der gesamten Wegstrecke; **Dauer:** mit Pausen 4–5 Stunden; **Länge:** 2,5 km; **Karte:** ---> S. 111, F 7–S. 116, C 17

Der Wien-Fluss ist während dieser Tour lange Zeit ein »unsichtbarer« Begleiter: Er verläuft zuerst unterirdisch und tritt erst im Stadtpark ans Tageslicht. Wir steigen bei der U-Bahn-Station Kettenbrückengasse aus und beginnen unseren Bummel – wenn es Samstagvormittag ist – am besten am Flohmarkt, ein Wochenendvergnügen, dem auch die Wiener gerne frönen.

Danach kann man gleich den anschließenden **Naschmarkt** durchstreifen und sich an den Köstlichkeiten der Stände degustieren. Der bekannteste Obst- und Gemüsemarkt Wiens, den sich die Bezirke IV und VI teilen, ist das lebendige Gegenstück zu sterilen Supermärkten und glitzernden Shopping Malls, voll Individualität und Atmosphäre, zum Teil fest in türkischer Hand, die für das unvergleichliche – aber durchaus auch wienerische – Flair sorgt. Am und rund um den Markt gibt es zahlreiche Spezialitätenläden, Beisln, Cafés und Imbissstände. Um auszuruhen, macht man also entweder bei einer der Würstlbuden auf ein »Burenhäutl« (eine Bratwurst) Rast, oder man sucht das Café Drechsler auf: Mit seinen vom Qualm unzähliger Zigaretten gelben Tapeten, den abgewetzten Fauteuils und dem Billardtisch ist es wohl eines der stimmungsvollsten Wiener Kaffeehäuser, das auch die Standler vom Naschmarkt besuchen.

Naschmarkt ---> Karlsplatz

Ganz in der Nähe, an der Linken Wienzeile 38 und 40, stehen zwei der schönsten von Otto Wagner errichteten Wohnhäuser; eines davon, das **Majolikahaus**, wurde ganz mit grüner Blattornamentik verziert. Vorbei am Theater an der Wien kommt man dann zu einem weiteren Monument der Moderne: dem Gebäude der **Secession**, das wegen seiner filigranen Blattwerkskuppel von den Wienern auch »Goldenes Krauthappel« (Krautkopf) genannt wird. 1898 schuf es Joseph Olbrich als Hauptquartier der Secessions-Künstler. Bei der Secession befinden wir uns aber schon am **Karlsplatz**, einem der schönsten Plätze von Wien. Rundherum kann man eine Reise durch die Wiener Architektur antreten, am beeindruckendsten ist die Perspektive vor der Karlskirche: Im Brunnen spiegeln sich die Türme der kunstvollen Barockkirche, einen modernen Kontrapunkt setzt die Brunnenfigur von Henry Moore. Gleich daneben steht eine der von Otto Wagner im Jugendstil gestalteten Stadtbahnstationen; er entwarf die Bahnhöfe wie die komplette Stadtbahn bis hin zu den Stiegengeländern und Kandelabern. 5

Auf der gegenüberliegenden Seite des Platzes sehen Sie das von Adolf Loos ausgestattete Café Museum und hinter der Kunsthalle schließlich das Gebäude der Secession. Künstlerhaus und Musikvereinsgebäude runden das Ensemble ab. Das dominierendste Gebäude und auch die bedeutendste Barockkirche Wiens ist die **Karlskirche**: 1716 von Johann Bernhard Fischer von Erlach begonnen und später von seinem Sohn fertig gestellt, ist der Bau eines der Wahrzeichen der Donaumetropole. Seine mächtige Kuppel, 72 m hoch, gehört zu den markantesten Elementen des Wiener Stadtbildes. Die Errichtung des Gotteshauses geht auf ein Gelübde zurück, das Kaiser Karl VI. während der Pestepidemie 1713 geleistet hatte.

Karlsplatz ···› MAK

Der Container bei der Treitlstraße wurde 1992 als Provisorium für Ausstellungen errichtet. Die so genannte Kunsthalle ist inzwischen in das MuseumsQuartier übersiedelt, der Container bleibt aber und soll auch weiterhin Ausstellungen beherbergen, das angeschlossene Café ist auf jeden Fall ein Fixpunkt der Wiener Dancefloor-Szene. Über den Schwarzenbergplatz führt unser Pfad zum Konzerthaus. Das Jugendstilgebäude ist der Hort moderner Musik in Wien. Durch ein ebenfalls im Jugendstil gestaltetes Portal betritt man den Stadtpark – ein auf seine Art der Musik geweihtes grünes Refugium an der Ringstraße. Denkmäler von Anton Bruckner, Franz Schubert, Franz Lehár, Robert Stolz und – natürlich am bekanntesten – das viel fotografierte vergoldete Abbild von Johann Strauß sind hier zu finden.

Am Ende des Naschmarktes (→ S. 28) erbaute Otto Wagner zwei schöne Mietshäuser, hier das Haus Linke Wienzeile Nr. 38.

Hier nun tritt auch der Wien-Fluss aus seinem unterirdischen Gewölbe hervor und fließt – meist allerdings als recht spärliches Rinnsal – unter freiem Himmel weiter. Seine Verbauung scheint mehr als Erinnerung daran gedacht, dass er bis vor knapp 150 Jahren das Wiental, damals teilweise noch eine Vorstadtlandschaft mit Mühlen und Sägewerken, manchmal überflutete.

MAK ···› Urania

Am nördlichen Ende des Stadtparks wechseln wir auf die Ringstraße und kommen dabei am Museum für Angewandte Kunst (MAK) vorbei. Der klassizistische Ringstraßenbau beherbergt Wechselausstellungen und eine ständige Schau moderner österreichischer Kunst. Direkt neben dem Gebäude ist übrigens die Hochschule für Angewandte Kunst untergebracht – Österreichs Parade-Kunsthochschule.

Wir gehen noch den Stubenring entlang und kommen dabei am Restaurant Hedrich vorbei, einer karg eingerichteten »Imbissstube«, in der jedoch ein Spitzenkoch bewusst mit einfachen Zutaten Erlesenes auftischt. Gegenüber vom Wirtschaftsministerium und dem Radetzky-Denkmal liegt der Georg-Coch-Platz mit dem bekanntesten Gebäude Otto Wagners, dem Hauptpostamt. An einer Ecke des Platzes versteckt sich ein unbekannteres Wiener Kaffeehaus mit geschmackvoller Einrichtung und exzellenter Küche, das Café Ministerium.

Wir beenden unseren Spaziergang bei der Urania am Donaukanal. Das im Jahr 1910 errichtete, recht wuchtige Gebäude dient der Volksbildung und beherbergt unter anderem eine Sternwarte.

Zwischen Grinzing und Nußdorf – Stille Weingärten und gemütliche Heurige

Charakteristik: Eine Wanderung durch die Weinberge und die Einkehr in einer der kleinen Buschenschanken lohnt sich an einem schönen Tag allemal; **Anreise nach Nußdorf:** mit der Tram 3 vom Ring bzw. Franz-Josefs-Bahnhof aus; wer nur einen Teil der Wanderung unternehmen möchte, fährt mit dem Bus 38 A die Grinzinger Straße entlang bis zum Cobenzl; **Einkehrmöglichkeiten:** auf der gesamten Wegstrecke; **Dauer:** reine Gehzeit 2–3 Stunden; **Länge:** 4–5 km; **Karte:** → S. 82

Wir beginnen unseren Rundgang an der Endstation der Linie 3 in Nußdorf. Über die Hackhofergasse mit ihren alten Bürgerhäusern gelangen wir zum Lehár-Schikaneder-Schlössl (Hackhofergasse 18), in dem einst gleich zwei berühmte Wiener wohnten: der Komponist Franz Lehár und der Theatermacher Emanuel Schikaneder, der Textdichter von Mozarts »Die Zauberflöte«.

Dann führt die Route bergan: Wir gehen die Nußberggasse entlang und biegen beim Friedhof Nußdorf links in den Beethovengang ab. Über den Schreiberbach folgt man dem Grinzinger Steig und der Krapfenwaldgasse. An einem warmen Sommertag können wir eine Pause im idyllischen Krapfenwaldbad nutzen, um uns abzukühlen. Dann führt uns die Tour weiter bis zur Höhenstraße und zum Dr.-Karl-Lueger-Denkmal, das an einen der großen Politiker Wiens erinnert.

Cobenzl → Grinzinger Friedhof

Gleich daneben liegt das Cobenzl, Restaurant und Weingut, und ein wunderschöner Aussichtspunkt über Wien und das Naturschutzgebiet des Wienerwalds. Für den Abstieg in Richtung Grinzing folgen wir dem Oberen Reisenbergweg. Auf der Terrasse des Weinguts am Oberen Reisenbergweg hat man einen herrlichen Rundblick über die Rebberge und kann dazu klassische Wiener Küche zu Weinen aus eigenem Anbau genießen.

Über die Cobenzlgasse und die Himmelstraße gelangen wir anschließend in das Herz der Wiener Heurigenseligkeit, nach Grinzing. Zwar müssen die alten Heurigen und ihre Weinberge immer öfter Immobilienprojekten weichen, aber noch immer laden die Busse zur Hochsaison im Minutentakt Gäste ein und aus. Daher spazieren wir an der Grinzinger Pfarrkirche rechts über den Managettasteig zum friedlich unterhalb von Weinbergen gelegenen Grinzinger Friedhof. Hier sind unter anderem der Dichter Heimito von Doderer (»Die Strudlhofstiege«) und der Komponist Gustav Mahler begraben.

Grinzinger Friedhof → Nußdorf

Von der Pfarrkirche nehmen wir den Bus 38 A und fahren Richtung Heiligenstadt. An der St. Michaelkirche steigen wir aus. Linker Hand, in der kleinen Probusgasse, liegt das Heiligenstädter-Testament-Haus, in dem Beethoven seinen berühmten Nachlass verfasste. Am Ende der Probusgasse erreichen wir den Pfarrplatz: Hier steht das Beethovenhaus, in dem der Komponist 1817 einige Monate verbrachte. Seit dem 17. Jahrhundert ist hier einer der berühmtesten Heurigen Wiens untergebracht: Mayer am Pfarrplatz (→ S. 21). Auf Beethovens Spuren gehen wir noch ein paar Schritte weiter die Eroicagasse entlang bis zur Endhaltestelle der Trambahnlinie 3. In den traditionellen Nußdorfer Heurigen Schübel-Auer (→ S. 21), Steinschaden oder Kierlinger können wir bei Eigenbauweinen und Buffet den Abend ausklingen lassen. Alle drei schließen, wenn die letzte Tram ins Zentrum fährt.

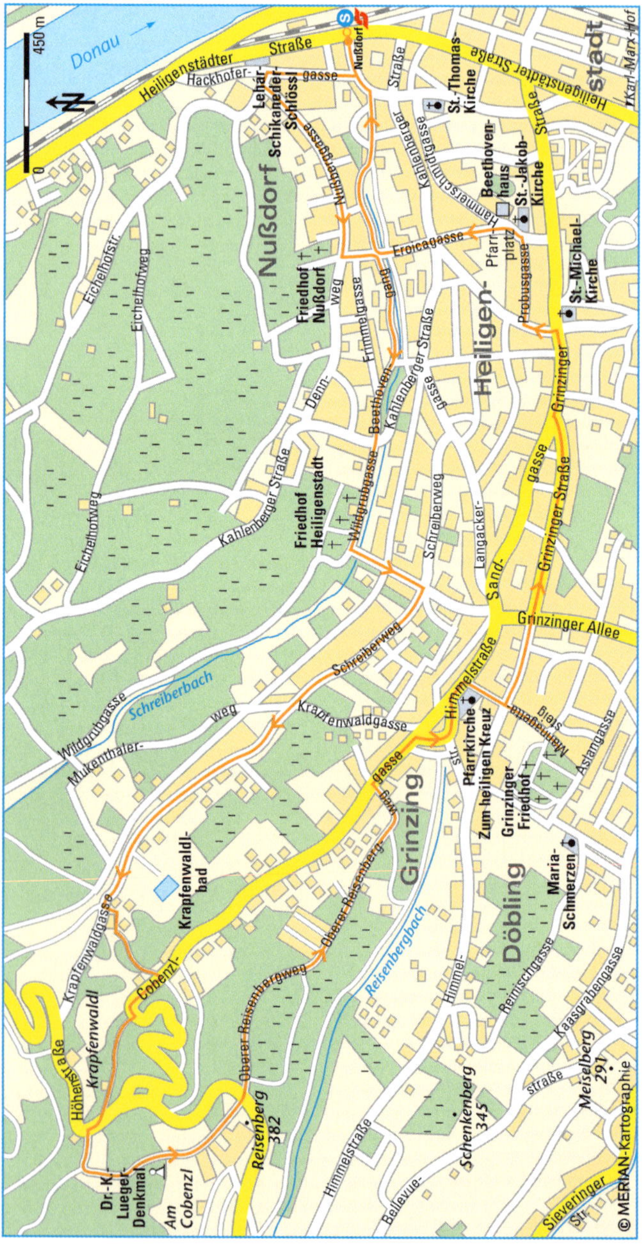

Donau
450 m
0
Heiligenstädter Straße
Hackhofergasse
Lehár-Schikaneder-Schlössl
Nußdorf
Nußberggasse
Friedhof Nußdorf
Eroicagasse
Beethovengang
Frimmelgasse
Kahlenberger Straße
Eichelhofstr.
Eichelhofweg
Denn-weg
Friedhof Heiligenstadt
Wildgrubgasse
Schreiberbach
Schreiberweg
Mukenthalerweg
Krapfenwaldgasse
Krapfenwaldlbad
Krapfenwaldl
Höhenstraße
Cobenzlgasse
Dr.-K.-Lueger-Denkmal
Am Cobenzl
Oberer Reisenbergweg
Reisenberg 382
Reisenbergbach
Himmelstraße
Grinzing
Pfarrkirche Zum heiligen Kreuz
Mannagettasteig
Grinzinger Friedhof
Döbling
Maria-Schmerzen
Reinischgasse
Kaasgrabengasse
Schenkenberg 345
Meiselberg 291
Bellevuestraße
Sieveringer Str.
Grinzinger Allee
Grinzinger Straße
Sandgasse
Langackergasse
Heiligenstadt
St.-Thomas-Kirche
Beethovenhaus
St.-Jakob-Kirche
Pfarrplatz
Probusgasse
St.-Michael-Kirche
Hammerschmidtgasse
Kahlenberger Straße
Grinzinger Straße
Karl-Marx-Hof
Asfangasse
© MERIAN-Kartographie

Ausflüge in die Umgebung

Im Süden von Wien

Anfahrt: mit dem Auto über die Südautobahn, bei Mödling abfahren; mit der Lokalbahn ab Karlsplatz (nur nach Baden); **Auskunft:** diverse Reiseveranstalter führen geführte Halbtages-Bustouren ab Wien nach Mayerling, zur Seegrotte und nach Heiligenkreuz durch (z. B. Vienna Sightseeing Tours, Tel. 7 12 46 83-0); **Dauer:** Tagesausflug; **Karte:** ···> S. 87, d 2

Bei Mödling im Süden von Wien zweigt die Straße in die Hinterbrühl ab, eine waldreiche Naturlandschaft mit Hügeln und sanften Tälern. Auf dem Weg dorthin grüßt von Weitem schon die **Burg Liechtenstein.** Gleich in der Nähe steht das **Schloss Liechtenstein** in einem weitläufigen Naturpark mit Teichen und künstlichen Ruinen.

Schloss Liechtenstein ···> Stift Heiligenkreuz

In der Brühl fand der große Landschaftsmaler des Biedermeier, Ferdinand Waldmüller, die Motive für seine romantischen Arbeiten. Eines davon ist die **Höldrichsmühle** in der Hinterbrühl, die er für sein Bild »Abschied der Braut vom Elternhaus« verwendete. Die Mühle wurde auch von Franz Schubert besucht – Müllerstochter Rosi hat ihn der Legende nach zu seinem Liederzyklus »Die schöne Müllerin« angeregt.

Etwas weiter liegt der mit 6200 qm größte Höhlensee Europas, die **Seegrotte**, in die man – bei einer Führung – mit dem Boot vordringen kann.

Stift Heiligenkreuz, unsere nächste Station, wurde 1133 von Zisterziensern gegründet. Der Sohn des Babenbergers Leopold III., Otto, war selbst Zisterzienser, auf seine Initiative hin berief sein Vater den Orden nach Österreich. Entlang der so genannten Via Sacra, die bei Heiligenkreuz beginnt, entstanden in der Zeit der Babenberger noch weitere Klöster, die im Mittelalter ja bekanntlich Horte der Kultur und Bildung waren. Das Stift betritt man über den weitläufigen Hof. Kunsthistorisch bedeutungsvoll ist die **Stiftskirche** in Form einer romanischen Basilika: imposant das hoch schießende Innere des Gotteshauses, das Schiff, durch hoch liegende Fenster nur spärlich beleuchtet, während der Hallenchor lichtdurchflutet erscheint. Der Bau ist eine harmonische architektonische Gesamtkomposition aus verschiedenen Epochen: Westfassade und Querschiff sind romanisch, Hallenchor gotisch und der Arkadenhof barock. Im Südflügel ist das neuneckige **Brunnenhaus** sehenswert, das in seinen Glasfenstern Bildnisse der verschiedenen Babenberger und ihrer Stiftungen aus dem 13. Jh. zeigt. Der **Kapitelsaal** ist eine monumentale Gedächtnisstätte für dieses Herrschergeschlecht. Hier liegen die Gebeine der Herzöge Leopold IV., Leopold V., Friedrich I. und Friedrich II.

Stift Heiligenkreuz ···> Baden

Ein Kloster ist auch **Schloss Mayerling**, 6 km südwestlich von Heiligenkreuz, das Kronprinz Rudolf 1886 zu seinem Sommersitz erkor. Hier spielte sich das Finale der tragischen Liebesgeschichte zwischen Sisis einzigem Sohn und der Baronesse Mary von Vetsera ab, die mit dem Selbstmord der beiden 1889 endete. Kaiser Franz Joseph berief in Erinnerung an den Tod des Thronfolgers den Orden der Karmeliterinnen nach Mayerling und ließ eine Kapelle errichten, wo Tag und Nacht für die Seele seines Sohnes gebetet werden sollte.

Durch das idyllische **Helenental**, das gerne als schönstes Tal des Wienerwaldes bezeichnet wird, fährt man von Mayerling weiter nach **Baden**. Der Kurort (auch mit der Badner Bahn vom Karlsplatz aus gut erreichbar)

Das mittelalterliche Zisterzienserkloster Heiligenkreuz ist berühmt für seinen Kreuzgang aus dem 13. Jahrhundert und den romanisch-gotisch-barocken Stilmix der Stiftskirche.

war einst als Sommerfrische des österreichisch-ungarischen Kaiserhauses sowie Mozarts und Beethovens bekannt. Die 36 Grad heißen Schwefelquellen sprudeln wie eh und je, und noch immer kann man die beschauliche altösterreichische Atmosphäre der Stadt genießen, entlang der Alleen flanieren oder in einem Kaffeehaus eine Melange trinken.

Die Thermenlinie südlich von Wien, an der schwefelhaltiges Wasser aus dem Boden sprudelt, war schon in römischer Zeit bekannt. Im Mittelalter wurden die Wasser von Baden bei allen Arten rheumatischer Beschwerden angewendet. Die Hochblüte der Stadt begann erst Anfang des 19. Jh., als Kaiser Franz I. Baden zu seiner Sommerresidenz erwählte. Ihm folgten Adel und Bürgertum.

Das Bild einer Biedermeierstadt, das sich dem Besucher noch heute im Zentrum des Städtchens bietet, entstand erst nach dem großen Brand von 1812, der fast die gesamte Stadt zerstörte. In den Jahren nach der Feuersbrunst entstanden unter anderem die – großteils antiken Tempeln nachempfundenen – Quellfassungen, etwa das **Josefsbad**, das **Frauenbad** oder das **Franzensbad**. Auch das biedermeierliche **Kurhaus Sauerhof** wurde von Kornhäusel gestaltet, ebenso wie das wohl eindrucksvollste Gebäude von Baden, das **Rathaus**.

Baden ···> Gumpoldskirchen

Rund um Baden erstreckt sich ein Weinanbaugebiet – eine Wanderung und ein Päuschen in einer Buschenschank lohnt bei einem Ausflug nach Baden in jedem Fall, so wie es auch Beethoven schon mit Vorliebe tat.

Zu Ehren des Komponisten, der seine Sommer so gerne in Baden und Mödling verbrachte, wurden der **Wienerwald-Beethoven-Wanderweg** und ein **Beethoven-Spaziergang** angelegt: Der eine ist ein 50 km langer Rundwanderweg von Baden über das Helenental und Bad Vöslau zurück nach Baden (dafür sollten Sie drei Tage veranschlagen), der andere eine gemächliche Tageswanderung von

Baden über den Richardhof bei Gumpoldskirchen nach Mödling.

Gumpoldskirchen ···› Franzensburg

Rund um **Gumpoldskirchen** breitet sich ebenfalls eine weitläufige Rebenlandschaft aus. Buschenschanken – kleine bäuerliche Betriebe, die nur jeweils während einiger weniger Monate im Jahr ihren eigenen jungen Wein, den »Heurigen«, ausschenken dürfen – findet man nicht nur in Gumpoldskirchen, sondern auch in **Perchtoldsdorf** oder dem kleinen Ort **Höflein**.

Östlich von Baden und Gumpoldskirchen liegt noch eine weitere Dependance der Habsburger: die **Laxenburg**. Herzog Albrecht der Lahme erwarb hier 1338 ein Jagdgebiet und errichtete darin eine Wasserburg.

Kaiser Maximilian I. ließ den Garten der Laxenburg Anfang des 16. Jh. in einen Lust- und Ziergarten umgestalten. Zwar verwüsteten die Türken die Burg 1683, doch schon 1693 wurde sie unter Leopold I. neu errichtet. Ihre heutige Form erhielt die Anlage unter Kaiserin Maria Theresia – vor allem, um ihren 16 Kindern Platz zu bieten, wurde der »Blaue Hof« in der Nähe des alten Schlosses zu einer prachtvollen Barockwohnstätte adaptiert. Kaiser Franz I. ließ sich dann einen Teich mit Inseln, Grotten und Brücken anlegen und die **Franzensburg** bauen – ein »Gartenhaus« in Gestalt einer mittelalterlichen Burg. Rund um den Teich entstanden Rittergau, Rittergruft und ein Turnierplatz – alles ganz im Sinne des romantischen Rittertums.

Römerlager Carnuntum

Anfahrt: mit dem Auto über die Fernstraße Schwechat–Hainburg; mit der Ostbahn vom Südbahnhof; **Auskunft:** Niederösterreich-Touristik-Info, Tel. 5 36 10, www.niederoesterreich.at; Mo–Fr 9–17 Uhr; **Dauer:** Halbtagesausflug; **Karte:** ···› S. 87, f 2

Entlang einer pappelgesäumten Allee geht die Fahrt nach Osten, nach **Bad Deutsch-Altenburg**. Meist folgt sie der alten römischen Heeresstraße, die entlang des Limes, der römischen Grenzbefestigung, angelegt war.

Der Name Carnuntum selbst wird im Jahre 6 n. Chr. erstmals erwähnt, als der spätere Kaiser Tiberius hier

Das Heidentor aus dem 4. Jahrhundert lässt das einstige Römerlager erahnen, obgleich nur ein Teil des zweistöckigen Baus erhalten geblieben ist.

eintrifft, um einen Feldzug gegen die Markomannen zu starten. In der Nähe des zuerst erbauten Militärlagers entsteht bald eine zivile Befestigung, wo sich römische Händler und Kaufleute niederlassen. Die römische Kultur beeinflusst zunehmend auch die einheimische Bevölkerung. Carnuntum erhält im 2. Jh. den Status einer Stadt (»Municipium«), seinen Bewohnern werden die Bürgerrechte verliehen, und es wird Zentrum der oberpannonischen Provinz.

Das ändert sich, als germanische Stämme 174 über die Donau vorstoßen und Carnuntum zerstören; Kaiser Marc Aurel gelingt es jedoch, sie wieder über den Fluss zurückzudrängen. Carnuntum bleibt noch 200 Jahre lang römische Provinzstadt, bevor es in den Wirren der Völkerwanderungszeit endgültig untergeht.

Einige Überreste der »alten Stadt Carnunta« bleiben aber über die Jahrhunderte hinweg sichtbar – vor allem das so genannte **Heidentor** aus dem 4. Jh., das sich in der Form eines Triumphbogens am Rande der Zivilstadt erhebt, ursprünglich aber ein Vierpfeilerbau war.

1885 wurde mit den Ausgrabungen in Carnuntum begonnen. Kernpunkt der Siedlung war das **Militärlager** mit den Verwaltungsgebäuden und Kasernen. Östlich des Lagers liegen die Überreste des Amphitheaters für die Soldaten, das ursprünglich 8000 Besuchern Platz bot. Die Tierzwinger sind noch zu sehen.

Die Zivilstadt besaß ihr eigenes Amphitheater, mit ungefähr 13 000 Sitzplätzen. Bei dessen Südtor findet man auch die einzige Spur, die der christliche Glaube hier hinterlassen hat: In einem kleinen Raum ist ein sechseckiges Becken zu sehen – wohl ein altes Taufbecken.

Ein Teil des südlichen Gebietes der sich über 2,6 qkm erstreckenden Stadt wurde bei **Petronell** freigelegt. Die Straßenzüge sind nach römischem Muster angelegt; die Häuser selbst entsprechen jedoch nicht dem »leichten« Baustil südlich der Alpen – mit Atrium und offenen Lichthöfen –, sondern wurden keltischen Steinbauten nachempfunden.

Inmitten dieser Siedlung wurde ein großes Badegebäude mit einem Schwitzbad sowie Warm- und Kaltbecken ausgegraben. Westlich erstreckt sich die so genannte **Palastruine**, ursprünglich eine große Thermenanlage, die um 300 in einen Palast für eine Konferenz Kaiser Diocletians umgebaut wurde.

Das **Museum** zeigt eine Sammlung der Funde (Waffen, Kunsthandwerk, Mosaike, Grabsteine und ein Mithräum) und setzt sich mit der Geschichte der römischen Besiedlung im Wiener Raum auseinander. Die beiden Freilichtmuseen sind vom 21. März bis Mitte November (9–17 Uhr) durchgehend geöffnet, das Museum Carnuntinum von April bis Dezember täglich von 10–17 Uhr. Infos und Tarife: Tel. 0 21 63/3 37 70; www.carnuntum.co.at.

Mit Schiff und Rad durch die Wachau

Anfahrt: Über die Schifffahrt in der Wachau informiert man sich am besten bei der **DDSG Blue Danube Schifffahrt**, Tel. 58 88 00; der Radtransport ist kostenlos. Auch die **Österreichischen Bundesbahnen (ÖBB)** bieten einen speziellen Service für Radfahrer an – eigene Radtramperzüge, die vom Franz-Josefs-Bahnhof in Wien in die Wachau fahren. Ferner gibt es kombinierte Schiff-Bahn-Touren (Information Tel. 05 17 17). Nach Klosterneuburg gelangt man auch mit der Schnellbahn ab Wien; **Auskunft:** Informationen über radfahrerfreundliche Unterkünfte entlang der Strecke erhalten Sie bei der Niederösterreich-Touristik-Info; Tel. 5 36 10; www.niederoesterreich.at Mo–Fr 9–17 Uhr; **Dauer:** 2 oder 3 Tage; **Karte:** → S. 87

Wien und Umgebung
Wien
Bratislava
Györ, Budapest
Linz
SK
H
Stockerau
Korneuburg
Bisamberg 361
Tulln
Tullner Feld
Krems
Dürnstein
Benediktinerstift Göttweig
Dunkelsteiner Wald
Aggstein
Aggsbach Dorf
Aggsbach Markt
Schönbühel
Hohenegg
Melk
Schallaburg
Hiesberg 558
St. Michael
Spitz
Willendorf
Wachau
Donau
Melk
St. Leonhard a. F.
Obergrafendorf
Kilb
Kirchberg a. d. P.
St. Pölten
Herzogenburg
Wilhelmsburg
Lilienfeld
Hainfeld
Freiland
Türnitz
Neubruck
Puchenstuben
Mariazell
Hohenberg
Kleinzell
Ramsau
Rohr i. G.
Gutenstein
St. Aegyd a. N.
Schwarzau i. G.
Frein a. d. Mürz
Hirschwang
Hirschberg 1888
Schwarza
Neunkirchen
Dürre Wand 1222
Hohe Wand
Araburg
Neulengburg
Sieghartskirchen
Wienerwald
Klosterneuburg
Kritzendorf
Kahlenbergerdorf
Nußdorf
Schönbrunn
Brunn a. G.
Mödling
Heiligenkreuz
Gumpoldskirchen
Mayerling
Baden
Bad Vöslau
Berndorf
Wöllersdorf
Günselsdorf
Laxenburg
Schwechat
Wien-Schwechat
Fischamend Markt
Fischa
Lobau
Wittau
Orth a. d. D.
Obersiebenbrunn
Marchfeld
Carnuntum
Petronell
Hainburg a. d. D.
Bad Deutsch-Altenburg
Parndorf
Bruck a. d. L.
Leithagebirge
Wiener Becken
Müllendorf
Eisenstadt
St. Margarethen
Wiener Neustadt
Leith
Forchtenau
Seebenstein
Purbach
Neusiedl a. S.
Neusiedler See
Podersdorf a. S.
Illmitz
Lange Lacke
Rust
Mörbisch a. S.
Sopron
A1
A2
A3
A4
A21
A22
0 15 km
© MERIAN-Kartographie

Die nur 11 Zentimeter kleine Venus von Willendorf kann heute im Naturhistorischen Museum (→ S. 68) besichtigt werden.

Westlich von Wien, zwischen Melk und Krems, erstreckt sich ein fruchtbares Granitplateau, auf dessen Terrassen sich Weinreben emporranken und durch das sich die Donau eine tiefe Furche geschnitten hat – die Wachau.

Wien ···› Benediktinerstift Melk

Von Wien fahren wir mit dem Schiff flussaufwärts, wo wir Gelegenheit haben, die Ausblicke zu genießen – und landen schließlich in **Melk**. Von hier steigen wir um aufs Fahrrad, um den hier in der Wachau unzweifelhaft schönsten Teil des Donauradweges Passau–Preßburg unter die Pedale zu nehmen. Melk eignet sich eventuell auch als Übernachtungsort, von wo Sie am nächsten Tag zu einer Ganztagestour aufbrechen können. Der Radweg ist teilweise auf beiden Donauufern ausgebaut, so dass Sie nach Lust und Laune die schönere Seite auswählen können. Sollten einmal keine Brücken vorhanden sein, dann bringen Sie Auto- und Personenfähren ganz bequem ans jeweils andere Ufer.

Schildwache der Wachau ist das riesige **Benediktinerstift**, das sich in prachtvollem Weiß und Gelb auf einem Felsen über der Stadt Melk erhebt. Der künstlerische Höhepunkt der gesamten Anlage ist der Innenraum der **Stiftskirche**: Hier verbinden sich Architektur, Bildhauerei und Malerei zu einem barocken Gesamtkunstwerk. Der Hochaltar stammt vom italienischen Theaterarchitekten Antonio Beduzzi, ebenso wie die Entwürfe für die Deckenfresken, die von Johann Michael Rottmayr gemalt wurden. Im Marmorsaal ist ein Deckenfresko von Paul Troger zu sehen, die atemberaubend dekorierte **Stiftsbibliothek** beherbergt eine imposante Handschriftensammlung – und der Kirchenschatz das unermesslich kostbare »Melker Kreuz« von 1362. Melk selbst ist ein kleiner Ort, der sich eng an den Felsen der Benediktinerabtei schmiegt.

Melk ···› Spitz an der Donau

Wir fahren mit dem Rad donauabwärts, vorbei an der **Burgruine Aggstein**, einer seit dem 15. Jh. verlassenen Bastion. Weiter nördlich liegt **Willendorf**, der Ort, in dem 1908 die Venus von Willendorf gefunden wurde, eine 23 000 Jahre alte, nur 11 cm hohe Statuette einer Fruchtbarkeitsgöttin und das älteste Zeugnis menschlichen Lebens im Donautal.

Das fruchtbare **Spitz an der Donau** bildet den Mittelpunkt der Wachau. Wie bedeutend einst die Donauschifffahrt war, sieht man im so genannten Erlahof, wo ein **Schifffahrtsmuseum** eingerichtet wurde.

Die **Pfarrkirche St. Mauritius** liegt etwas erhöht über Spitz, in ihrem Inneren ist das Bildnis »Die Marter des heiligen Mauritius«, ein Spätwerk des »Kremser Schmidt« genannten Malers Martin Johann Schmidt (1799), sehenswert.

Spitz ···> Burg Dürnstein

Bei Spitz beginnt auch der schönste Teil des Fahrradwegs: Entlang des Flusses findet man immer wieder hübsche Rastplätze, kleine Gasthöfe oder Buschenschanken, die zu einer Jause oder einem kühlen Getränk einladen. Hinter St. Michael weitet sich dann das Tal; man radelt vorbei an alten Weinbaudörfern und gelangt schließlich nach **Weißenkirchen an der Donau** mit seiner Wehrkirche, die zum Schutz gegen die Türken errichtet wurde.

Nach einer Krümmung der Donau gegen Osten erhebt sich auf einem Hügel die Burgruine von **Dürnstein**, darunter schmiegt sich ein mittelalterlicher Ort an seine Flanken – ein Ensemble aus einem Kloster und mittelalterlichen Häusern. Das Ganze ist von einer Stadtmauer umgeben. Inmitten steht das im 18. Jh. errichtete **Augustiner-Chorherrenstift**, die leuchtend blaue barocke Stiftskirche erhebt sich über der Donau – ein absolut sehenswertes Ensemble!

In der **Burg Dürnstein**, die man über einen schmalen Pfad vom Ort aus erklimmt, war im Jahre 1192 König Richard Löwenherz eingekerkert. Während des dritten Kreuzzuges war es bei Akkon im Heiligen Land zu einer heftigen Auseinandersetzung zwischen ihm und dem Babenbergerherzog Leopold V. gekommen. Als der englische König bei der Rückkehr vorsichtshalber inkognito durch Österreich reisen wollte, wurde er in Wien beim Wechseln seltener byzantinischer Münzen erkannt und von Leopold in Dürnstein eingekerkert. Der Legende nach entdeckte ihn dort sein treuer Sänger Blondel – er erkannte ihn, als er ein Lied hörte, das der König selbst gedichtet hatte. Leopold V. lieferte Löwenherz schließlich an den deutschen Kaiser Heinrich IV. aus, der wiederum von England 100 000 Kölner Silbermark Lösegeld forderte – die Summe wurde daraufhin redlich zwischen Heinrich und Leopold aufgeteilt.

Burg Dürnstein ···> Krems

Die östlichste Stadt der Wachau ist **Krems**; sie wurde bereits vor Wien als Stadt erwähnt und war schon im Mittelalter ein bedeutender Handelsplatz an der Mündung des Krems-Flusses in die Donau. Der heutige Ort ist aus den Siedlungen Krems und Stein zusammengewachsen. In der Zeit des Barock erhielt Krems-Stein sein heutiges Erscheinungsbild. Davon zeugen viele Hausfassaden und die zahlreichen Kirchen mit ihren prächtigen Innenausstattungen – darunter viele sehenswerte Altäre. 400 Bauwerke in Krems und Stein stammen aus der Zeit vor 1800. Am **Hohen Markt**, dem ältesten Platz der Stadt, steht die Residenz von Stadtrichter Gozzo, um 1280 erbaut. In der ehemaligen Dominikanerkirche ist das **Stadtmuseum** mit bedeutenden Kunstwerken untergebracht, darunter der Grafenegger Flügelaltar aus dem Jahr 1491 und die Kaschauer Madonna aus der Zeit um 1440. Das **Rathaus** besitzt einen schönen Renaissance-Erker. Der »Kremser Schmidt« malte 1756 das Hochaltarbild in der Piaristenkirche.

Ebenfalls einen Besuch wert sind die **Laubenhöfe**, die ein wenig südländische Atmosphäre nach Krems bringen. Dazu beigetragen hat wohl auch der Wein, der in und um Krems gedeiht. In Stein beginnt auch die Kremser Kunstmeile: Zwischen der Kunsthalle und dem »Kloster Und« widmet man sich an verschiedenen Ausstellungsorten der zeitgenössischen Kunst, aber auch der österreichischen Karikatur, die in einem eigenen Karikaturmuseum betrachtet werden kann.

Auf dem anderen Donauufer erhebt sich das **Stift Göttweig** auf dem 140 m hohen Klosterberg. Die barocke Umgestaltung des mittelalterlichen Komplexes wurde von Lukas von Hildebrandt 1718 begonnen, blieb aber unvollendet. Auch hier im Benediktinerstift hinterließ der »Kremser Schmidt« viele Zeichen seines Könnens. Die Deckengemälde stammen von Paul Troger. Weltliche Erzeugnisse des Anwesens, nämlich gute Weine, kann man u. a. im Wiener Göttweiger Stiftskeller im I. Bezirk (Spiegelgasse 9) kosten.

Krems ⤏ Klosterneuburg

Wir sind nun am unteren Ende der Wachau angelangt. Von hier aus können Sie per Schiff oder Bahn zurück nach Wien fahren oder aber dem Radweg entlang der Donau folgen, der Sie, vorbei an Tulln, kurz vor Wien noch nach Klosterneuburg bringt (von Wien aus auch mit der S-Bahn ab dem Franz-Josefs-Bahnhof erreichbar).

In **Klosterneuburg** sollte man auf jeden Fall das **Augustiner-Chorherrenstift** besuchen – eines der imposantesten Klöster Österreichs. Der Babenberger Markgraf Leopold III. verlegte Anfang des 12. Jh. seinen Hof von Melk hierher, gründete 1113 ein Kloster und legte den Grundstein zur Stiftskirche, die 1136 geweiht wurde. 1485 wurde Leopold für seine Taten heilig gesprochen und ist heute Landespatron von Niederösterreich.

Highlights sind die prachtvollen **Kaiserzimmer**, die **Stiftsbibliothek** mit 170 000 Bänden, Handschriften und Inkunabeln und der so genannte **Verduner Altar**, der Grabaltar Leopolds in der Leopoldskapelle: ein Höhepunkt mittelalterlicher Emaillierkunst mit 45 kleinen Täfelchen mit Bibelmotiven, 1181 gefertigt von Meister Nikolaus von Verdun. Auf der Rückseite sind die ältesten datierbaren Tafelbilder Europas (1331) zu sehen, in denen ein unbekannter Künstler die strengen gotischen Formen durch Perspektive und Lebendigkeit im Sinne Giottos auflockerte.

Die ursprünglich romanische Stiftskirche von Klosterneuburg wurde im Barock aufwendig umgebaut und mit prächtigen Altären und einer großen Orgel ausgestattet.

Wanderungen im Wienerwald

Anfahrt zum Leopoldsberg: Straßenbahn 38 A ab der U4-Haltestelle Heiligenstadt; **Anfahrt zum Lainzer Tiergarten:** Straßenbahn- und Buslinie 60 und 60 B (zum Lainzer Tor); **Dauer:** Halbtages- oder Tagesausflug; ein Tipp für Autofahrer (oder trainierte Radler) ist die Wiener Höhenstraße, die sich von Hütteldorf den ganzen Wienerwald nordwärts entlangzieht; eine Panoramastraße, die viele schöne Ausblicke offeriert. Eine Route führt vom Cobenzl nach Grinzing, die zweite weiter zum Kahlenberg; **Dauer:** 1–2 Stunden; **Karte:** ⤏ S. 87

Im Wienerwald bäumen sich die Alpen ein letztes Mal auf, bevor sie sich im Becken der Donau verlieren. Denn eigentlich ist der Wienerwald kein Wald, sondern vielmehr der Name des letzten Gebirges vor der pannonischen Tiefebene. Er zieht sich von Südosten über den Westen der Stadt bis in den Nordosten, wo er allerdings nicht mehr dicht bewaldet ist, sondern Weinreben sich über seine Flanken ziehen. Ein kleines Stück erstreckt sich noch jenseits der Donau.

Der Wienerwald steht unter Naturschutz und wurde damit – zumindest teilweise – vor der Eroberung durch immer neue Stadtviertel geschützt. So ist Wien von einem dichten Waldgürtel umgeben, der als Naherholungsgebiet für seine Einwohner dient.

Kahlenberg ⇢ Habsburgerwarte

Beginnen wir unsere Tour im Norden: Hier erheben sich der **Kahlenberg** (484 m) und der **Leopoldsberg** (425 m). Letzterer ist die östlichste Erhebung des Wienerwaldes, den man von Kahlenbergerdorf (Schnellbahnstation) am Ufer der Donau über einen Waldweg vorbei am Heimkehrerdenkmal und der **Leopoldskirche** erreicht. In und um die damals noch unvollendete Leopoldskirche fand 1683 jene Messe statt, an der die Entsatztruppe unter dem polnischen König Jan Sobieski und Karl von Lothringen teilnahm, um anschließend die türkische Belagerungsarmee anzugreifen und Wien zu befreien. Im Glauben der Wiener wäre das wohl ohne göttlichen Beistand nicht möglich gewesen.

Man kann vom Leopoldsberg entweder mit dem Bus, der Linie 38 A, zum Kahlenberg weiterfahren, oder man geht das kurze Stück zu Fuß. Vom Kahlenberg aus genießt man einen herrlichen Blick auf Wien, das einem hier, an die sanften Rundungen des Wienerwaldes gebettet, zu Füßen liegt. Fährt man noch ein Stück, gelangt man zum **Cobenzl**, einem weiteren Rastplatz mit Wienblick, bei dem man nun aber am besten seine Wanderschuhe auspackt und sich in südlicher Richtung zu einer Wanderung aufmacht. Auf dem Hermannskogel steht die **Habsburgerwarte** (542 m), ein anderer schöner Aussichtspunkt des Wienerwaldes.

Lainzer Tiergarten ⇢ Rudolfshöhe

Auf der südlichen Seite des Wien-Flusses befindet sich, ebenfalls noch im Stadtgebiet, der **Lainzer Tiergarten**. Eigentlich ist sein Name irreführend, denn ein Zoo im herkömmlichen Sinne ist der Tiergarten nicht, vielmehr ein ursprünglicher Teil des Wienerwaldes, ein riesiges natürliches Wildgehege mit Damhirschrudeln und frei laufenden Wildschweinen. Man erreicht ihn ganz leicht von Schönbrunn aus mit den Linien 60 und 60 B.

Das Lainzer Tor ist der Haupteingang in den von einer 27 km langen Mauer umgebenen Park: Von hier erreicht man in einem 20-minütigen Spaziergang die **Hermesvilla**, das ehemalige Schloss der Kaiserin Elisabeth. Das Gebäude, in den Achtzigerjahren des 19. Jh. vom Ringstraßenarchitekten Carl von Hasenauer in einem wilden Stilgemisch aus Neorenaissance und Neobarock erbaut, diente Kaiser Franz Joseph und seiner Sisi einst als Jagdhaus. Das überladene Interieur schufen u. a. Künstler wie Hans Makart und Gustav Klimt. In dieser heutigen Dependance des Historischen Museums der Stadt Wien sind regelmäßig Ausstellungen zu sehen.

Sie können aber auch in anderer Richtung wandern, wo Sie nach einer Dreiviertelstunde zum Ausflugsrestaurant Hirschgstemm und zur **Aussichtswarte Rudolfshöhe** (472 m) gelangen. Etwas schneller, in einer Viertelstunde, spaziert man über alte, von dichtem Blattwerk beschattete Pfade von der Hermesvilla zum **»Wiener Blick«**. Es scheint tatsächlich einer der Vorzüge des Wienerwaldes zu sein, dass man, wo es nur geht, einen Blick auf die heimatliche Stadt werfen kann. Möglichkeiten, den Lainzer Tiergarten zu durchwandern, gibt es viele. Sie können ihn natürlich durch eines der anderen Tore wieder verlassen (St. Veiter Tor, Adolfstor, Nikolaitor) oder auch den Rundweg um den Park wählen.

Wissenswertes über Wien

Im Jahre 1893 wurde Otto Wagner mit dem Bau der Wiener Stadtbahn beauftragt, deren Stationen in den darauf folgenden Jahren entstanden. Zu den schönsten erhaltenen Gebäuden zählen die beiden Pavillons am Karlsplatz (→ S. 52).

Was ein Kapuziner im Kaffeehaus zu suchen hat, wie viel eine Fahrt mit dem Fiaker kostet, wer Sie auf die Spur des Dritten Mannes bringt ... Auf den folgenden Seiten steht's.

Jahreszahlen und Fakten im Überblick

Um 100 n. Chr.
Römisches Kastell und Zivilstadt Vindobona.

881
Erste Nennung Wiens als »Wenia« in den Salzburger Annalen.

1137
Wien wird »civitas«, Stadt, genannt.

um 1155
Wien wird Residenz der Babenberger.

1221
Wiener Stadtrecht – älteste, zur Gänze überlieferte Stadtverfassung.

1282
Die Habsburger übernehmen unter Rudolf I. die Herrschaft über Österreich (bis 1918).

1365
Herzog Rudolf IV. macht sich durch gefälschte Dokumente zum Erzherzog und gründet die Universität.

1421
»Wiener Geserah«, das erste Pogrom gegen die Juden, und Zerstörung des Ghettos; es geht vordergründig um Religion, tatsächlich aber um Geld.

1485
Wien fällt für fünf Jahre unter die Herrschaft des Ungarnkönigs Mathias Corvinus.

1498
Unter Maximilian I. Gründung der Hofmusikkapelle (Vorläuferin der Sängerknaben). Blüte des Humanismus.

1529
Die Türken belagern zum ersten Mal Wien erfolglos, ihr Herrschaftsbereich erstreckt sich jedoch für die nächsten 150 Jahre noch bis Ungarn und Dalmatien.

1550/51
Wien ist vorwiegend protestantisch. Die Gegenreformation beginnt mit der Ansiedlung der Jesuiten.

1572
Gründung der Spanischen Hofreitschule.

1679
Eine verheerende Pestepidemie fordert fast 100000 Opfer.

1683
Zweite Türkenbelagerung. Ein Entsatzheer aus polnischen und deutschen Truppen vertreibt die Osmanen. In den durch die Belagerung zerstörten Vorstädten werden die ersten Paläste der Adeligen gebaut – das barocke Wien entsteht.

1685–1780
Hochblüte des barocken Wien; rege Bautätigkeit.

1713
Neuerliche Pestepidemie.

1740–1790
Kaiserin Maria Theresia (und später ihr Sohn Joseph II.) führt Reformen durch: Schulpflicht, Abschaffung von Folter und Leibeigenschaft, Auflösung von Betklöstern.

1752
Eröffnung der Menagerie, des heutigen Tiergartens, in Schönbrunn.

1805 und **1809**
Napoleon besetzt Wien.

1814/15
Wiener Kongress: Europa wird nach dem Fall Napoleons neu geordnet.

1848
Ende des Metternich'schen Polizeistaates durch revolutionäre Volks-

erhebungen. Kaiser Franz Joseph I. besteigt den Thron; er regiert bis zu seinem Tod 1916.

1850–1900
Wien wird durch Eingemeindung der Vorstädte und später auch der Vororte zur Millionenstadt – das Regierungszentrum eines Reiches mit insgesamt 50 Millionen Einwohnern.

1857
Schleifung der Reste der Stadtmauer und der Basteien – bis 1865 entsteht an ihrer Stelle die Ringstraße.

1874
Eröffnung des Zentralfriedhofs.

1881
Inbetriebnahme des ersten Wiener Telefonnetzes.

1914
Nach dem Attentat auf Thronfolger Franz Ferdinand in Sarajewo erklärt Österreich Serbien den Krieg: Der Erste Weltkrieg beginnt.

1918
Österreich gehört zu den Verlierermächten, die Tschechoslowakei, Ungarn und Jugoslawien werden unabhängige Staaten. Wien bleibt Hauptstadt des Kleinstaates Österreich mit (heute) 8 Millionen Einwohnern. Die Habsburger verlassen die Republik.

1922
Wien wird neuntes österreichisches Bundesland. Die Stadt bleibt bis 1934 und dann wieder ab 1945 unter sozialistischer/sozialdemokratischer Regierung. Die beispielhaften Sozialleistungen (Gemeindebauten, Schulwesen) im »Roten Wien« erringen europaweit Anerkennung.

1923–1933
Wohnbau- und Sozialreformen im »Roten Wien«, Bau von 60 000 Arbeiterwohnungen.

1933
Im österreichischen Ständestaat erzwungener Rücktritt der sozialdemokratischen Stadtverwaltung.

1934
Bürgerkrieg zwischen Konservativen und »Roten«, die Diktatur des Ständestaates kommt (bis 1938).

1938
Anschluss der »Ostmark« an Hitlerdeutschland. Die Wiener Juden, darunter viele Literaten, Künstler und Wissenschaftler, werden verfolgt und in Konzentrationslagern ermordet.

1939–1945
Schwere Zerstörungen durch Luftangriffe im Zweiten Weltkrieg.

1945–1955
Wien ist in vier Besatzungszonen aufgeteilt (USA, UdSSR, Großbritannien, Frankreich).

1955
Nach Unterzeichnung des Staatsvertrages ziehen die Besatzungssoldaten ab; Österreich wird wieder souverän, verpflichtet sich aber zu »immer währender Neutralität«.

1979
Einweihung der UNO-City.

1995
Österreich wird Mitglied der EU.

2001
Die Wiener Innenstadt wird UNESCO-Weltkulturerbe.

2005
Österreich feiert sein 50-jähriges Jubiläum des Staatsvertrages.

2008
Österreich – und damit auch Wien – ist mit der Schweiz Austragungsort der Fußball-Europameisterschaft.

Die wichtigsten kulinarischen Begriffe

A

Achterl: Achtelliter, kleinstes Weinmaß
Aschanti: Erdnuss
Ausgezogener Apfelstrudel: Apfelstrudel aus ausgezogenem Strudelteig, Füllmasse mit Butterbröseln bestreut

B

Beinfleisch: Rindfleisch von der Brust (Brustbein)
Beugel: Mürbgebäck mit Mohn- oder Nussfüllung
Beuschel: geschnetzelte Lunge in Mehlsauce, meist mit Knödel
Blunzen: Blutwurst
Brettljause: kalte Platte (Speck, Wurst, Käse)
Buchteln: Hefegebäck, manchmal mit Powidl gefüllt; wird vorzugsweise heiß serviert (mit Vanillesauce)
Burenwurst: Brühwurst
Buschenschank: Heuriger

E

Eierschwammerl: Pfifferling
Einbrenn: Mehlschwitze
Einspänner: Mokka im Glas mit Schlagsahne
Erdäpfel: Kartoffeln
Erdäpfelschmarrn: Röstkartoffeln
Extrawurst: preiswerte Wurstsorte (Fleischwurst)

F

Faschierte Laberln: Frikadellen, Buletten
Faschiertes: Hack (meist Rind und Schwein gemischt)
Fiakergulasch: Gulasch mit Würstchen, Gurke und Ei
Fisolen: grüne Bohnen
Fogosch: Zander
Frittaten: Suppeneinlage aus Pfannkuchenstreifen

G

Germteig: Hefeteig
G'spritzter: 0,125 l Wein gemischt mit 0,125 l Sodawasser
Golatschen: gefüllte Mürbteigtaschen
Grammeln: Grieben
Großer Brauner: großer Espresso mit Milch
Gselchtes: Geräuchertes

H

Häuptelsalat: grüner Salat
Heiße (auch Haaße, Burenhäutl, Burenwurst): an Würstelständen verkaufte Brühwurst – schwer, fett, stark gewürzt
Hieferscherzl: Stück von der oberen Rindskeule
Herrenpilz: Steinpilz
Holler: Holunder

K

Kaiserfleisch: geräucherter Schweinebauch
Kaiserschmarr(e)n: Süßspeise aus zerhackten Pfannkuchen mit Rosinen
Kapuziner: kleiner Mokka, mit wenig Obers und etwas geriebener Schokolade bestreut
Karfiol: Blumenkohl
Karree: Rippenstück
Kleiner Brauner: kleiner Espresso mit Milch
Klobasse: mit Paprika gewürztes Würstchen
Kohlsprossen: Rosenkohl
Kracherl: Limonade mit Fruchtgeschmack (rot: Himbeer, weiß: Zitrone, gelb: Orange)
Krautfleckerl: gedünsteter Weißkohl mit Teigwaren
Kren: Meerrettich
Kruspelspitz: mageres Fleisch von der Rinderflanke
Kukuruz: Mais

L

Laberl: längliches Brötchen
Letscho: Sauce aus Paprika, Tomaten und Zwiebeln
Liptauer: Streichkäse (Quark, Paprika, Zwiebel, Kümmel, Butter, Kapern)
Lungenbraten: Lendenbratenfilet

M

Malakofftorte: Creme-Biskuittorte
Mehlspeisen: warme und kalte Süßspeisen, sowohl als Desserts einer Mahlzeit als auch zwischendurch (Jause)
Melange: kleiner Espresso mit viel geschäumter Milch
Millirahmstrudel: Strudel aus Milch, Rahm und Quark, mit Vanillesauce
Mohnnudeln: Germ- oder Kartoffelteigrollen, mit Mohn, Zucker und Butter übergossen
Mohr im Hemd: Schokoladenbiskuit mit Schokosauce und Sahne

O

Obers: Sahne

P

Palatschinken: gefüllter Pfannkuchen
Paradeiser: Tomate
Pofesen: böhmische Nachspeise aus Weißbrot und Pflaumenmus
Powidl: zähflüssig-dickes Pflaumenmus, als Fülle in Mehlspeisen (Buchteln, Powidltascherln)

R

Rahm: süße Sahne
Rehrücken: Schokoladenkuchen mit Schokoglasur, gespickt mit Mandeln
Ribiseln: Johannisbeeren
Russen: Bismarckheringe

S

Scherzl: Anschnitt des Brotlaibes
Schinkenfleckerln: Auflauf aus Teigwaren und Schinkenstücken
Schlögel: Kalbs- oder Hammelkeule
Schöberl: Suppeneinlage aus Biskuitteigwürfeln
Schöpsernes: Schaffleisch
Schwammerl: Pilz
Seiderl: Glas zu 0,3 l mit Bier
Selchfleisch: geräuchertes Fleisch
Stamperl: Schnapsglas
Stelze: Haxe (Eisbein)
Striezel: Hefeteigzopf
Sturm: noch gärender Wein (Federweißer)

Eine echte Wiener Melange gehört ebenso zu der Donaumetropole wie der Wienerwald und der berühmte Walzer.

Surbraten: gebeiztes, nicht geräuchertes Schweinefleisch

T

Topfen: Quark
Topfenstrudel: Blätterteig mit Quarkfüllung, warm oder kalt

V

Vanillerostbraten: gebratenes Rindfleisch in Sauce; mit Knoblauch
Verhackerts: Brotaufstrich aus gehacktem Speck
Verlängerter: Kaffee mit heißem Wasser verdünnt
Vogerlsalat: Rapunzelsalat

W

Weckerl: längliches Brötchen
Weichsel: Sauerkirsche
Weinberl: Rosine

Z

Zuckerln: Bonbons
Züngerl: Kalbszunge
Zwetschkenröster: Kompott aus gedünsteten Pflaumen

Nützliche Adressen und Reiseservice

Auf einen Blick

Fläche: 414,9 qkm

Einwohnerzahl: 1 674 595 (Stand 2007)

Verwaltung: Wien ist Bundeshauptstadt mit dem Sitz der österreichischen Bundesregierung und des Parlaments und Bundesland in einem. Der Wiener Bürgermeister – er wird seit Jahrzehnten von der SPÖ gestellt – ist gleichzeitig auch Landeshauptmann. Die Stadtgemeinde ist in 23 Bezirksverwaltungen unterteilt.

Religion: Zwölf Religionen sind in Wien vertreten bzw. zugelassen; die zahlenmäßig bei weitem stärkste ist die römisch-katholische Kirche.

Wirtschaft: Der Dienstleistungssektor ist heute der wichtigste Wirtschaftsfaktor Wiens, vor allem der Tourismus nimmt ständig an Bedeutung zu. Industriebetriebe sind hingegen kaum mehr im Stadtbereich zu finden – die ehemals staatliche Mineralölverwaltung ÖMV etwa hat in Wien-Schwechat nahe des Flughafens ihren Sitz.

Anreise

Mit dem Auto

Über München und Salzburg beziehungsweise über Passau kommen Besucher aus Deutschland und der Schweiz in gut drei Stunden ab der Grenze über die **Westautobahn A 1** und entlang des Wien-Flusses direkt ins Zentrum. Will man in den östlichen oder südlichen Teil der Stadt, wählt man am besten die Wiener **Umfahrungsautobahn A 21** – Abfahrt von der Westautobahn bei Eichgraben. Aus Graz kommt man über die **Südautobahn A 1** mitten in die Stadt.

Eine reizvolle Alternative ist eine Fahrt auf der Landstraße durch die **Wachau**. Dazu fahren Sie bei Melk von der Westautobahn ab und entlang der Donau über Krems und Tulln auf die Nordautobahn A 22, die Sie wieder nach Wien bringt. Die Fahrt dauert allerdings um einiges länger als die Westroute. Bevor Sie sich auf die Fahrt durch die Stadt machen, besorgen Sie sich entweder bei einer der Tourist-Informationsstellen oder bei einer Tankstelle an den Autobahnen unbedingt einen detaillierten Stadtplan, falls Sie nicht schon einen dabei haben.

Man benötigt seit einigen Jahren für die Autobahnen in Österreich eine **Mautplakette** – die günstigste Version gilt zehn Tage ab dem Tag der Ausstellung und kostet ca. 8 €. Plaketten sind u.a. an den Grenzen, in Postämtern und an Tankstellen erhältlich.

Mit dem Flugzeug

Wien-Schwechat ist der größte Flughafen Österreichs – er liegt ca. 45 Autominuten von der City entfernt im Südosten und wird von allen größeren Flughäfen Deutschlands, der Schweiz und Österreichs angeflogen (Flugdauer ab Frankfurt: 1 Std. 20 Min.).

Infos Flughafen: Tel. 70 07-2 22 33

Telefon der nationalen Airlines

– Austrian Airlines: Tel. 05 17 89

City-Anschluss vom Flughafen Wien-Schwechat zum City-Air-Terminal mit dem City Airport Train in nur 16 Min.: Einzelfahrt 8 €, Tour/Retour 15 €; Fahrplanauskünfte und günstige Online-Tickets: www.cityairporttrain.com

Mit dem Zug

Die Westbahnstrecke ist die gängigste Anreiseroute für Gäste aus Deutschland oder der Schweiz. Sie führt über Salzburg, Linz und St. Pölten nach **Wien/Westbahnhof**. Die Fahrzeit ab der Grenze bei Salzburg beträgt rund 3,5 Stunden. Sitzplatzreservierung ist zu empfehlen, da der Zug gerade an Wochenenden und Montagen gerne von Pendlern benutzt wird. Vom Westbahnhof gelangt man mit der U-Bahn bzw. Straßenbahn direkt ins Zentrum. Aber Vorsicht: In der Innenstadt verkehrt nur ein Citybus – liegt Ihr Hotel im I. Be-

MERIAN-Tipp

9 Mit dem Schiff in die Donaumetropole

Wer Zeit hat, sollte mit dem Schiff nach Wien reisen. Die Fahrt von Passau nach Wien dauert eineinhalb Tage (welche Linie wo und wann verkehrt, erfragen Sie am besten in Ihrem Reisebüro). Man kann aber auch eine Kombination wählen. Wer mit der Bahn unterwegs ist, wechselt erst in Melk am Eingang zur Wachau auf das Schiff und fährt durch die romantische Flusslandschaft die restliche Strecke bis Wien.

Informationen: ÖBB oder DDSG Blue Danube Schifffahrt; Tel. 5 88 80-0; www.verkehrsbuero.at/ddsg

zirk und nicht an der Ringstraße oder in unmittelbarer Nähe des Stephansdoms, nehmen Sie am besten vom Bahnhof aus ein Taxi.

Man kann auch schon eine Station vor dem Westbahnhof – in **Wien-Hütteldorf** – aussteigen und von dort mit der U 4 direkt ins Zentrum gelangen. Kommen Sie am **Südbahnhof** oder am **Franz-Josefs-Bahnhof** an, so können Sie ebenfalls mit öffentlichen Verkehrsmitteln zum Hotel weiterfahren; empfehlenswerter ist aber – v. a. bei schwerem Gepäck – ein Taxi.
Informationen über den Reisezugverkehr: Tel. 05 17 17 (zum Ortstarif)

Auskunft

In Deutschland
Österreich Werbung
Postfach 701580, 81315 München; Tel. 0 18 02/10 18 18 (zum Ortstarif); www.austria.info, E-Mail: urlaub@austria.info

In der Schweiz
Österreich Werbung
8036 Zürich; Tel. 08 42/10 18 18 (zum Ortstarif); www.austria.info/ch, E-Mail: ferien@austria.info

In Wien
Wien Tourismus
A-1025 Wien; Tel. 00 43/1/2 11 14-0 (tgl. 9–19 Uhr); www.wien.info, E-Mail: info@wien.info

Zimmerbuchungen
Tel. 00 43/1/2 45 55 (tgl. 9–19 Uhr); www.wien. info, Online-Buchungen: E-Mail: rooms@ wien.info

Tourist-Info → S. 110, C 8
Albertina-Platz/Ecke Maysedergasse; tgl. 9–19 Uhr (mit Zimmervermittlung)

Tourist-Informationen an der Autobahn
- Autobahn A 1 (Westautobahn)
  Autobahnstation Wien-Auhof; April–Okt. tgl. 8–22, Nov.–März tgl. 10–18 Uhr
- Autobahn A 2 (Südautobahn)
  Abfahrt Zentrum, Triester Str.; April–Juni 9–19, Juli–Sept. 8–22, Okt. 9–19 Uhr
- Nordeinfahrt, Floridsdorfer Brücke/Donauinsel Mai–Sept. tgl. 9–18 Uhr

Am **Flughafen Wien-Schwechat** ist die Tourist-Information in der Ankunftshalle tgl. von 8.30–21 Uhr geöffnet (mit Zimmervermittlung).

Auch in den großen Bahnhöfen gibt es in den Reisebüros eine Zimmervermittlung:
Westbahnhof → S. 115, D 14
Tel. 9 30 00-3 10 60; Mo–Fr 8–19, Sa 8–13 Uhr
Südbahnhof → S. 117, E 20
Tel. 9 30 00-3 10 50; Mo–Fr 8–18, Sa und So geschl.

Weitere Informationsstellen
Österreich-Urlaubsinformation → S. 116, C 18
Margaretenstr. 1, 1040 Wien; Tel. 08 10/10 18 18 (zum Ortstarif); Österreich-Werbung: www.austria.info
WienXtra Jugendinfo → S. 116, B 17
Babenbergerstr. 1 (Ecke Burgring); Tel. 17 99; www.wienxtra.at; Mo–Sa 12–19 Uhr

Buchtipps

Fast vergessen waren die Aufnahmen des Wiener Architektur- und Landschaftsfotografen August Stauda (1861–1928), der seine Heimatstadt in mehr als 3000 Fotografien festgehalten hat. Nicht nur städtebauliche Veränderungen, sondern auch das Leben auf den Straßen hat Stauda dokumentiert. Eine Auswahl seiner Bilder wurde im Band »**August Stauda**« vom Christian Brandstätter Verlag (Wien 2005) zu einem kleinen Bildband zusammengestellt.

Der Wien-Roman schlechthin wurde schon vor fast 60 Jahren geschrieben: Heimito von Doderers »**Die Strudlhofstiege**« (dtv) gilt als eines der wichtigsten Werke der österreichischen Literatur der Nachkriegszeit. Die Geschichte hat keine Person als Hauptakteur, sondern eine Stiege im IX. Wiener Gemeindebezirk, um die sich die 900 Seiten des Buches drehen – und sie ist trotzdem spannend. Wem das zu umfangreich ist, dem sei »**Europa erlesen – Wien**« (Wieser Verlag, Klagenfurt 1997) mit handlichen Lesehäppchen über Wien und von Wiener Autoren empfohlen.

Diplomatische Vertretungen

Botschaft und Konsulat der Bundesrepublik Deutschland

→ S. 117, E 18

Metternichgasse 3, 1030 Wien; Tel. 71 15 40; Straßenbahn 4; Mo–Fr 9–12 Uhr

Schweizer Botschaft und Konsulat

→ S. 117, D 18

Prinz-Eugen-Str. 7, 1030 Wien; Tel. 79 50 50; Straßenbahn 3; Mo–Fr 9–12 Uhr

Feiertage

1. Jan.	Neujahr
6. Jan.	Heilige Drei Könige
	Ostermontag
1. Mai	Tag der Arbeit
	Christi Himmelfahrt
	Pfingstmontag
	Fronleichnam
15. Aug.	Mariä Himmelfahrt
26. Okt.	Nationalfeiertag
1. Nov.	Allerheiligen
8. Dez.	Mariä Empfängnis
25. und 26. Dez.	Weihnachts- und Stephanitag

Fiaker

Die berühmten Pferdekutschen, von den Wienern »Zeugl« genannt, gibt es seit dem 17. Jh. Sie sind eine schöne, aber nicht ganz billige Alternative zur Stadtrundfahrt per Bus: 40 Minuten kosten rund 70 € – allerdings haben im Wagen auch fünf Personen Platz. **Standplätze:** Augustinerstraße vor der Albertina, Heldenplatz vor dem Erzherzog-Karl-Denkmal, Nordseite des Stephansdoms (alle im I. Bezirk).

Fundbüro

Wenn man etwas auf der Straße verloren oder im Taxi liegen gelassen hat, sollte man sich zunächst an das Polizeiwachzimmer des betreffenden Viertels wenden. Die Verlustmeldung ist wichtig, um Ansprüche bei der Versicherung geltend machen zu können.

Zentraler Fundservice

XVIII., Bastiengasse 36–38; Tel. 40 00-80 91; U-Bahn: Währinger Str./Volksoper; Mo–Fr 8–15.30, Do 8–17.30 Uhr

Zentralsammelstelle (Fundamt) der ÖBB → S. 115, D 14

»Lost & Found« im Südbahnhof (nach drei Tagen); Tel. 08 00/22 44 38; Mo–Fr 7.30–12.30 Uhr

Für Gegenstände, die in öffentlichen Verkehrsmitteln verloren wurden (während der ersten drei Tage, danach zentraler Fundservice):

Fundamt Wiener Linien

Tel. 79 09-1 88; Mo, Di, Fr 8–15, Do 8–17.30 Uhr

Geld

Fast jede Bankfiliale verfügt heute über einen Geldautomaten, bei dem man mit EC- oder Kreditkarte Bargeld abheben kann. Das Bezahlen mit **Kreditkarte** ist in den Geschäften und Restaurants der Innenstadt, in größeren Hotels, bei ÖBB und Ticketschaltern normalerweise möglich, bei kleineren Hotels, Restaurants, vielen Heurigen und auch einer Reihe von Geschäften hingegen nicht. Öffnungszeiten der Banken: Mo, Di, Mi, Fr 8–15, Do 8–17.30 Uhr (kleinere Filialen haben mittags geschlossen).

Österreich ist Mitgliedsstaat der Europäischen Währungsunion. Seit Januar 2002 sind die Euro-Banknoten und -Münzen im Umlauf. Der Österreichische Schilling verlor wie die Deutsche Mark zum 1. März 2002 seine Gültigkeit als gesetzliches Zahlungsmittel. Preise sind in diesem Reiseführer folglich durchgängig in Euro angegeben.

Gottesdienste

In allen Wiener Kirchen zu den üblichen Gottesdienstzeiten (nähere Informationen im Prospekt »Grüß Gott« in der Tourismusinformation). Darüber hinaus gibt es spezielle Messen für deutschsprachige Wienbesucher in der Votivkirche: Samstag 18 Uhr und Sonntag 9.30 Uhr.

Homosexuelle

Wien ist relativ schwulen- und lesbenfreundlich. Es gibt eine Reihe von Treffpunkten und Lokalen. Die Wien Tourismus hat einen Vienna Gay Guide herausgegeben: Adressen von Restaurants, Hotels, Bars, Saunen usw., dazu Tipps und ein Stadtplan. Erhältlich ist der Folder bei der Wien Tourismus (Tel. 2 11 14) bzw. im Internet unter www.gaynet.at.

Internet

Infos über Wien gibt es im Internet unter E-Mail: info@info.wien bzw. auf der Web-Site www.wien.info. Hotelanfragen unter E-Mail: rooms@wien. info. Infos über Veranstaltungen, Kinos etc.: www.vienna.at; unter www.magwien.gv.at findet man einen Stadtplan, Freizeitinfos oder den Fahrplan der öffentlichen Verkehrsmittel; die Programme der Bundestheater werden unter www.oebthv.gv.at präsentiert. Die Stadtzeitung »Falter« mit Veranstaltungshinweisen finden Sie unter www.falter.at.

Medizinische Versorgung

Österreich hat ein gutes Gesundheitssystem. Deutsche oder Schweizer Patienten müssen – wenn sie keine private Zusatzversicherung bzw. einen Auslandskrankenschein ihrer Krankenkasse (in Deutschland: Anspruchsausweis E 111) haben, der bei Bedarf gegen einen österreichischen Krankenschein eingetauscht wird – ärztliche Behandlungen bzw. Medikamente normalerweise bezahlen, bekommen die Kosten zu Hause aber von ihrer Krankenkasse ersetzt.

Apotheken haben in der Regel Mo–Fr von 8–12 und von 14–18 Uhr geöffnet, Sa von 8–12 Uhr. Nach Geschäftsschluss informiert ein Hinweisschild über die nächste Apotheke mit Nacht- bzw. Wochenenddienst.

Nebenkosten in Euro

1 Tasse Kaffee	2,80
1 Bier	3,50
1 Cola	2,40
1 Brot (ca. 500g)	2,00
1 Schachtel Zigaretten	3,20
1 Liter Normal-Benzin	1,30
Öffentl. Verkehrsmittel (Einzelfahrt)	1,70
Mietwagen/Tag	ab 50,00

Stand: November 2008

Notruf

Apothekendienst Tel. 15 50
Ärzte Funkdienst (nachts und am Wochenende) Tel. 1 41
Ärztenotdienst Tel. 1 41
Feuerwehr Tel. 1 33
Pannendienst ÖAMTC Tel. 1 20
Pannendienst ARBÖ Tel. 1 23
Polizei Tel. 1 22
Rettung Tel. 1 44
Zahnärztlicher Notdienst Tel. 5 12 20 78

Politik

In Österreich sind fünf Parteien im Parlament vertreten: die Volkspartei (ÖVP), die Sozialdemokraten (SPÖ), das Bündnis Zukunft Österreich (BZÖ), die Freiheitlichen (FPÖ) und die Grünen. Wien ist seit Ende des 19. Jh. fest in sozialdemokratischer Hand.

Post

Postämter haben Mo–Fr von 8–12 und 14–18 Uhr geöffnet. Rund um die Uhr stehen das Hauptpostamt (I., Fleischmarkt 19) und die Postämter am Westbahnhof, am Südbahnhof und am Franz-Josefs-Bahnhof zur Verfügung. Das Porto für eine Ansichtskarte nach Deutschland und in die Schweiz kostet 0,65 €, ein Brief (bis 20 g) ebenfalls 0,65 €.

Reisedokumente

Seit dem Schengener Abkommen müssen deutsche Bundesbürger bei der Einreise nach Österreich ihren Reisepass oder Personalausweis normalerweise nicht mehr vorweisen, ein Reisedokument ist aber mitzuführen.

Reiseknigge

Als Deutscher – und auch als Schweizer – kann man sich in Wien durchaus heimisch fühlen; die Stadt hat schließlich schon Ludwig van Beethoven (der hier unter anderem sein Heiligenstädter Testament schrieb), dem Intendanten Claus Peymann und Fußballprofi Lothar Matthäus (als Kurzzeit-Trainer des Wiener Traditionsclubs Rapid Wien) eine Heimat auf Zeit gegeben ... Auf einige kleine Dinge sollte man trotz der (weitgehend) gemeinsamen Sprache und Gebräuche dennoch achten – wobei die meisten Stolpersteine im Bereich Essen & Trinken lauern (→ Essdolmetscher, S. 96):

Klöße sind in Österreich Knödel, Sahne ist (Schlag-)Obers, und Wiener Würstl heißen Frankfurter. Vielfältig – auch in der Namensgebung – sind vor allem die Gerichte der Wiener Rindfleischküche – fragen Sie also ruhig den Kellner, wenn Sie sich nicht zwischen Hieferscherzl und Vanillerostbraten entscheiden können! Bestellt man ein Bier dazu, kann man entscheiden zwischen einer »Halben« bzw. einem »Krügerl« (jeweils 0,5 l), einem »Seidl« (0,33 l) oder einem »Pfiff« (0,2 l). Übliche Weinmaße sind das »Vierterl« oder »Achterl« (jeweils Liter), ein »Gspritzter« ist ein Achtel Wein (meist weiß) mit Soda auf ein Viertel verlängert.

Ein Café und ein Kaffeehaus sind in Wien nicht das Gleiche: In eine Café-Konditorei gingen traditionell Damen, um sich bei Kaffee und (vor allem) Kuchen (der hier generell zu den »Mehlspeisen« zählt) zu unterhalten. Im Kaffeehaus hingegen waren früher hauptsächlich Männer versammelt – um Zeitung zu lesen, zu diskutieren oder auch (Billard) zu spielen. Heute dient das Kaffeehaus zwar immer noch diesen Zwecken, es ist aber inzwischen auch ein wenig Bar und Restaurant: So serviert man neben Kaffee (Betonung übrigens immer auf »ee«!) in allerlei Variationen auch Tee, Bier und Wein und mittags ein meist recht günstiges Tagesgericht. Und natürlich sind auch weibliche Gäste heute gerne gesehen, ebenso wie männliche Schleckermäuler in einer Café-Konditorei.

Den Kellner ruft man üblicherweise mit »Herr Ober«. Wird man – meist in einem Kaffeehaus – trotzdem geflissentlich übersehen, sollte man das nicht zu tragisch nehmen: Ins Kaffeehaus geht man in Wien nicht, um schnell einen Espresso zu trinken, sondern man signalisiert schon durch den Eintritt in ein solches Etablissement, dass man Zeit mitbringt. Trinkgeld ist in Wien für alle Dienstleistungen gern gesehen – üblicherweise gibt man dem Kellner, dem Personal im Hotel oder dem Taxifahrer zwischen fünf und zehn Prozent der Rechnungssumme obendrauf.

Reisewetter

Die beste Reisezeit für Wien sind Frühling und Herbst. Der Winter bringt auch in Wien des Öfteren Schneefall und Frost, im Juli und August hingegen steigt die Temperatur schon mal auf über 30 Grad. Niederschläge halten normalerweise nicht allzu lange an.

Rundfunk

In Wien gibt es neben vier öffentlich-rechtlichen Programmen (Ö3 – modern, Ö2 – Radio Wien, Ö1 – Klassik und Anspruchsvolles, FM 4 – alternativer Musiksender) inzwischen auch eine Reihe von Privatsendern.

Spielcasinos

Black Jack, Roulette, Poker, Spielautomaten und noch vieles mehr. Für alle über 18 Jahre und mit angemessener Kleidung.

Casino Wien ⇢ S. 111, D 8
I., Kärntnerstr. 41; Tel. 5 12 48 36; tgl. ab 15 Uhr (Jackpot Corner ab 11 Uhr)

Casino Baden ⇢ S. 89, d 2
Kurpark Baden bei Wien; Tel. 0 22 52/ 4 44 96; tgl. ab 15 Uhr (Jackpot Corner ab 13 Uhr)

Sport

Bäder

Die Stadt Wien besitzt eine Reihe von teilweise sehr stilvollen Hallenbädern und Saunen – ein Beitrag zur Volksgesundheit, der einen einfachen Hintergrund hat: In vielen der alten Substandardwohnungen gab es – und gibt es bis heute – kein Badezimmer.

Amalienbad ⇢ S. 117, südl. E 17
Eines der schönsten Wiener Hallenbäder: Das prachtvolle Jugendstilgebäude lohnt allein schon wegen der Architektur den Besuch.
X., Reumannplatz 23; Tel. 6 07 47 47; Eintritt Erwachsene 4,50 €, 15–18 Jahre 2,50 €, 7–14 Jahre 1,50 €

Freibäder

Donauinsel
Die Donauinsel bietet 42 km Strand zum Gratis-Baden, darunter ein FKK-Bereich. Wasserskilift, Inlineskating, Beachvolleyball und vieles mehr.

Gänsehäufel ⇢ S. 113, nördl. F 9
Wiens klassisches Strandbad – an der Unteren Alten Donau. Es liegt mitten im von der Donau abgetrennten Flussarm. Auf der Alten Donau kann man auch segeln und surfen. Südlich davon auf einer Halbinsel befindet sich das kleine Gänsehäufel – im dortigen Polizeibad und dem Straßenbahnerbad trifft man noch immer vorwiegend Vertreter dieser beiden Berufsgruppen. Ein Tag Badespaß kostet 5 €.

Eislaufen

Wiener Eislaufverein ⇢ S. 117, E 17
Von Oktober bis März drehen hier ältere Pärchen zu Operettenmusik ihre Runden, Nachwuchseishüpfer versuchen sich zu Popmusik in Pirouetten und Sprüngen.
III., Lothringerstr. 22; Tel. 7 13 63 53

Fitnessclubs

John Harris Fitness
Eines der besten Fitnessstudios der Stadt, zweimal direkt im Zentrum. Ausgebildete Trainer erstellen das ideale Sportprogramm auf modernsten Geräten. Größer ist der Club in der Nibelungengasse.

- **I., Nibelungengasse 5;** ⇢ S. 116, B 17
  Tel. 5 87 37 10, Mo–Fr 6.30–23, Sa/So 9–21 Uhr

– I., Radisson-SAS Palais, S. 111, E 8
Parkring 16; Tel. 5 15 17-38 80; Mo–Fr 7–9.30, 17–21, Sa, Fei 15–19 Uhr

Golf
Wien besitzt eine Reihe von Golfplätzen, im Stadtgebiet und rundherum. Innerhalb der Stadtgrenzen:

Pratergolf S. 119, westl. F 21
Übungsanlage (Driving Range und 3-Loch-Platz); Tel. 7 26 05 60; Dez.–März geschl. (je nach Witterung)

Golf-Wien Club Danube
18 Loch; Tel. 2 56 82 82; bespielbar je nach Witterung

GC Wien-Freudenau
18 Loch; bespielbar je nach Witterung S. 119, westl. F 23
Tel. 7 28 95 64

GC Am Wienerberg (9 Loch) S. 115, südl. D 16
Tel. 6 61 23 70 16

Weitere Informationen beim Österreichischen Golf-Verband.
Tel. 5 05 32 45; www.golf.at

Stadtführungen

Unter dem Titel »Wiener Stadtspaziergänge« werden diverse themenspezifische Routen angeboten: auf den Spuren von Mozart, dem Dritten Mann oder Falco bis zum »Unterirdischen Wien«. Die Spaziergänge dauern ca. 2 Stunden, kosten 10 € pro Person (exklusive Eintritte) und finden ab 3 Personen statt (Informationen im Internet unter www.wienguide.at). Ein Prospekt ist bei Wien Tourismus erhältlich (→ Auskunft, S. 99). Fremdenführer (halber Tag ca. 120 €) kann man auch beim Vienna Guide Service (Tel. 7 86 24 00, Internet: www.viennaguideservice.at) buchen.

Stadtführungen per Fahrrad
Bike & Guide; Tel. 2 12 11 35; www.bikeandguide.com
Pedal Power; Tel. 7 29 72 34; www.pedalpower.at (im Winter geschl.)

Stadtrundfahrten

Vienna Sightseeing Tours
Tel. 7 12 46 83-0

Cityrama Tel. 5 34 13-0

Vienna Guide Service
Tel. 7 86 24 00

Alternative Stadtrundfahrten
Tel. 3 17 33 84

Rundfahrten mit der Oldtimer-Tram
Tel. 7 90 94 40 26

Schiffsrundfahrten mit der DDSG – Blue Danube Tel. 58 88 00

Telefon

Vorwahlnummern
D, CH → A Tel. 00 43
A → D Tel. 00 49
A → CH Tel. 00 41
(danach jeweils die Ortsnetzkennzahl ohne die Null wählen).

Ortskennzahl Wien: Tel. 01

Ferngespräche innerhalb Österreichs sind nach Zonen gestaffelt; die günstigste ist die Regionalzone – bis 50 km. Gespräche nach Deutschland oder in die Schweiz (Auslandszone 1) kosten derzeit rund 0,40 € pro Minute. Am Samstag und Sonntag und zwischen 18 und 8 Uhr sind die Gebühren erheblich billiger.

Neben Münztelefonen gibt es natürlich auch Wertkartentelefone – Telefonkarten erhalten Sie in den Postämtern und in Trafiken.

In Österreich stehen gegenwärtig fünf **Mobilfunknetze** zur Verfügung: A1, T-mobile, Telering, Orange und 3.

Theaterkarten

Karten besorgt meist gerne das Hotel. Ansonsten hier einige Adressen:

Bundestheater-Vorverkauf
(mit Scheck- oder Kreditkarte)
Tel. 5 13 15 13

Kartenbüro S. 116, C 17
I., Goethegasse 1 (Hanusch-Hof); Mo–Sa 9–17, So 9–12 Uhr

Wien-Ticket
Tel. 5 88 85

Ticket-Pavillon S. 116, C 17
I., Kärntner Str. (neben der Staatsoper); tgl. 10–19 Uhr

Kassa im Ronacher S. 111, D 8

I., Seilerstätte 9; tgl. 10–13 u. 14–18 Uhr

Vienna Ticket Service

Börsegasse 1; Tel. 5 34 17-0; Mo–Fr 9–17 Uhr

Tiere

Für Hunde und Katzen ist ein tierärztliches Zeugnis einer Tollwutimpfung nötig, die zwischen 30 Tagen und zwölf Monaten vor Grenzübertritt durchgeführt worden sein muss.

Verkehrsverbindungen

Autofahren in Wien

Es ist in jedem Fall empfehlenswert, sich vor einer Fahrt durch die Metropole Wien zunächst einen Stadtplan zu besorgen; obwohl die wichtigeren Ziele, Sehenswürdigkeiten und größeren Ausfallstraßen normalerweise gut beschildert sind, ist eine vernünftige Karte hilfreich.

Das Hauptproblem in Wien ist, einen Platz zu finden, wo man sein Auto länger parken kann. Meist besitzen nämlich nur die größeren Hotels Parkplätze. Man muss sich entweder in eine Parkgarage begeben oder das Auto – innerhalb des Gürtels – in der **Kurzparkzone** abstellen. Diese gilt im I. Bezirk werktags von 9 bis 19 Uhr, die maximale Parkdauer beträgt eineinhalb Stunden; in den Bezirken 2 bis 9 und 20 ist die Kurzparkzone montags bis freitags von 9 bis 20 Uhr in Kraft. Die maximale Parkdauer beträgt hier zwei Stunden. **Kurzparkscheine** – die man hinter die Windschutzscheibe legt – erhält man in Tabaktrafiken, bei Banken, Bahnhöfen und den Wiener Linien – eine halbe Stunde kostet derzeit 0,60 €. Die günstigere Lösung: Außerhalb des Gürtels ist das Parken normalerweise kostenlos.

Parkhäuser

- Garage am Hof; I., Am Hof; Tel. 5 33 55 71
- Tiefgarage Kärntner Str.; I., Kärntner Str. (neben der Staatsoper); Tel. 5 87 17 97

Mietwagen

braucht man in Wien höchstens als Bahn- oder Flugtourist und dann eigentlich auch nur für Ausflüge ins Umland, nach Niederösterreich oder ins Burgenland. Auskünfte über Mietwagen unter www.wko.at/wien/taxi.

Information

- Avis, Tel. 5 87 62 41
- Hertz, Tel. 5 12 86 77
- Sixt Budget, Tel. 5 05 26 40

Mit dem Fahrrad

Wien ist eine überraschend fahrradfreundliche Stadt: Durch die gesamte Metropole kommt man ohne Schwierigkeiten mit dem Rad. Wien liegt am Radwanderweg Passau–Preßburg, der sich entlang der Donau quasi durch ganz Ostösterreich zieht.

In der Stadt selbst ist ein schöner Radweg entlang der Ringstraße installiert worden – wo man alles, was es an Wiens Prachtstraße zu sehen gibt, »er-fährt«. Außerdem gibt's da noch den **Prater** mit der 4,5 km langen Prater-Hauptallee und die **Lobau** im Südosten der Stadt.

Rundfahrt auf dem Donaukanal: So lässt sich die Stadt bequem kennenlernen.

Einen **Fahrradverleih** findet man am Westbahnhof (Tel. 05 17 17) und bei PEDAL POWER, (II., Ausstellungsstraße 3; Tel. 7 29 72 34; www.pedalpower.at). Informationen über radfahrerfreundliche Unterkünfte und Sonstiges, was mit dem Rad zu tun hat, bei ARGUS Fahrradbüro (IV., Frankenberggasse 11; Tel. 5 05 09 07; www.argus.or.at).

Öffentliche Verkehrsmittel
Wien ist optimal mit öffentlichen Verkehrsmitteln erschlossen. Fünf U-Bahn-Linien, Straßenbahnen, Busse – und alle sind mit demselben Ticket zu benutzen. Die Einzelfahrt kostet 1,70 €, die 24-Stunden-Karte 5,70 €, die 72-Stunden-Karte 13,60 € und die Acht-Tages-Streifenkarte, die von mehreren Personen benutzt werden kann, 27,20 €. Günstig ist auch die Wochennetzkarte für 14 €, die von Montag bis Montag ab 9 Uhr, gilt. Kinder bis 6 Jahre fahren generell, Kinder bis 15 an Sonn- und Feiertagen und während der Schulferien gratis.

Noch ein Tipp für Nachtschwärmer: Wenn die öffentlichen Verkehrsmittel nicht mehr fahren (ab 1 Uhr) und man auch kein Geld für ein Taxi in der Tasche hat, gibt es eine weitere Lösung: Vom Schwedenplatz aus verkehren von 1 bis 5 Uhr früh in viele Stadtgebiet Nachtautobusse (Ticket ca. 1,70 € pro Fahrt). Für die Schnellbahn, die ins Umland – zum Beispiel nach Klosterneuburg – fährt, ist ebenfalls ein eigenes Ticket notwendig.

Information
- **Wiener Linien (I.; Opernpassage); Tel. 79 09-1 05; www.wienerlinien.at**
- **Autobusse (Post und Bahn), Tel. 7 11 01**

Den Netzplan der Wiener U-Bahn- und Schnellbahnlinien finden Sie auf der hinteren Umschlagklappe.

Taxis
sind nicht durch eine spezielle Farbe, aber durch das Dachschild »Taxi« gekennzeichnet. Es gibt rund 200 Standplätze. Fahrpreis nach Taxameter, höhere Tarife an Sonn- und Feiertagen und nachts sowie für Funktaxis. Adressen und Rufnummern stehen auf der Umschlaginnenseite des Wiener Telefonbuchs, Band R–Z.

Funktaxi
Tel. 3 13 00, 4 01 00, 6 01 60

> **MERIAN-Tipp**
>
> **10 Wien-Karte**
>
> Ein vor allem für Kurzbesucher und Leute mit großem Besichtigungsprogramm interessantes Angebot: Alle City-Bummler über 15 Jahre können mit der Wien-Karte zum Preis von 18,50 € 72 Stunden lang U-Bahn, Bus und Tramway benutzen. Außerdem in Museen, Sehenswürdigkeiten und in Restaurants. Erhältlich ist das Kärtchen im Hotel, bei der Wiener Tourismusinformation und bei den Vorverkaufsstellen der Wiener Linien.
>
> www.wienkarte.at

Zeitungen und Zeitschriften
Die Stadtzeitung »Falter« erscheint jeden Mittwoch. Auch die großen Tageszeitungen »Standard«, »Presse«, »Kurier«, »Kronen Zeitung« und »Österreich« informieren über Veranstaltungen, Museen etc.

Zu Wien ist außerdem ein MERIAN-Heft (ISBN 978-3-8342-0707-4) erhältlich.

Zoll
Österreich ist seit 1995 Mitglied der Europäischen Union. Als abgabefreie Richtmengen pro Person bei Ein- und Ausfuhr gelten für EU-Bürger: 800 Zigaretten, 400 Zigarillos, 200 Zigarren oder 1 kg Pfeifentabak, 10 l Spirituosen, 20 l so genannte »Zwischenerzeugnisse« wie Likör sowie 90 l Wein oder 60 l Schaumwein oder 100 l Bier.

Weitere Auskünfte unter www.zoll.de, www.bmf.gv.at/zoll und www.zoll.ch.

Kartenatlas

Orientierung leicht gemacht: mit Planquadraten und allen Orten und Sehenswürdigkeiten.

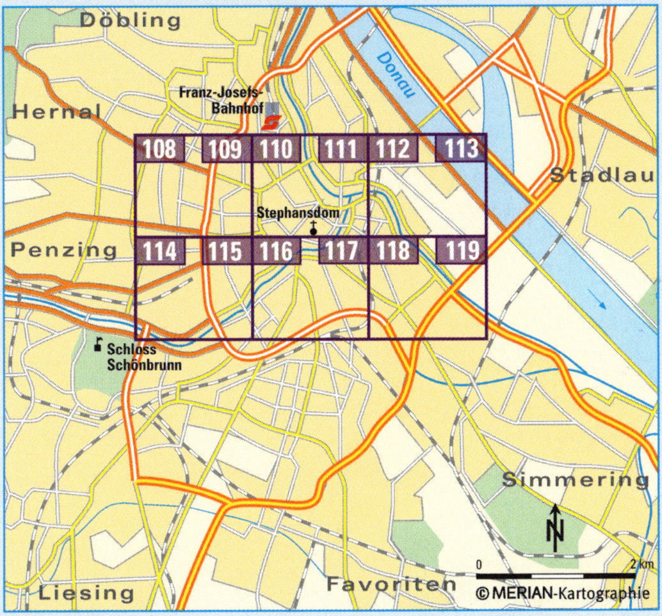

Legende

Spaziergänge

- Durch die Gassen des I. Bezirks (S. 72)
- Von der Hofburg zum Rathaus (S. 76)
- Entlang des Wien-Flusses (S. 79)
- Zwischen Grinzing und Nußdorf (S. 81)

Sehenswürdigkeiten

- 10 MERIAN-TopTen
- 10 MERIAN-Tipp
- Sehenswürdigkeit, öffentl. Gebäude
- Sehenswürdigkeit Kultur
- Kirche; Kloster
- Schloss, Burg; Ruine
- Museum
- Denkmal
- Höhle

Verkehr

- Autobahn
- Autobahnähnliche Straße
- Fernverkehrsstraße
- Hauptstraße
- Nebenstraße
- Unbefestigte Straße, Weg
- Fußgängerzone
- P Parkmöglichkeit
- B Busbahnhof
- H Bushaltestelle
- U U-Bahn
- S S-Bahn
- Bahnhof
- Flughafen
- Flugplatz

Sonstiges

- i Information
- Theater
- Markt
- Zoo
- Botschaft, Konsulat
- Aussichtspunkt
- Weinanbaugebiet
- Friedhof

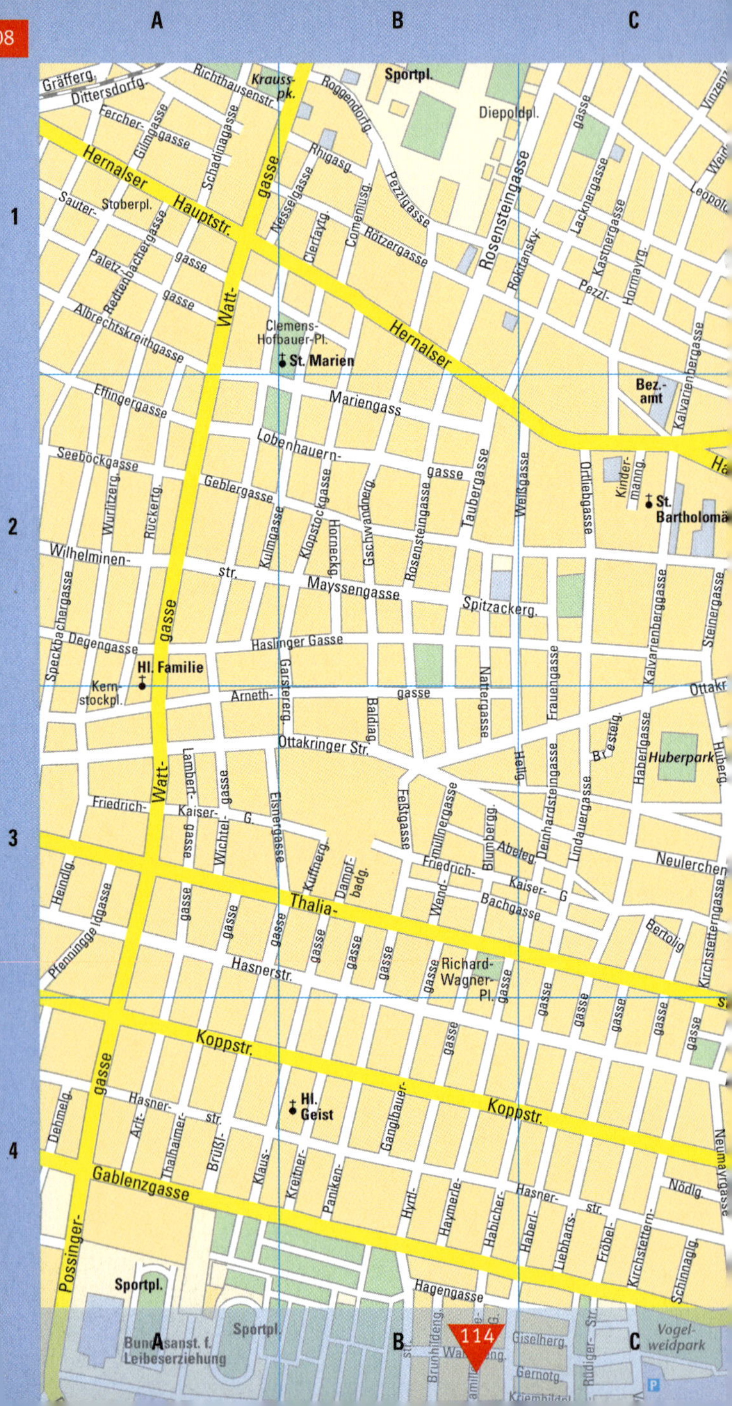
A
B
C
1
2
3
4
Gräfferg.
Dittersdorfg.
Richthausenstr.
Krauss-pk.
Sportpl.
Roggendorfg.
Diepoldpl.
Vinzenz
Fercher-gasse
Gilmgasse
Schadinagasse
Rhigasg.
Hernalser Hauptstr.
Watt-gasse
Nesselgasse
Comeniusg.
Pezzlgasse
Rosensteingasse
Lacknergasse
Leopold
Sauter-gasse
Stoberpl.
Redtenbachergasse
Clerfaytg.
Rötzergasse
Rokitansky-
Kastnergasse
Paletz-gasse
Pezzl-
Hormayrg.
Albrechtskreithgasse
Clemens-Hofbauer-Pl.
St. Marien
Hernalser
Kalvarienbergasse
Bez.-amt
Effingergasse
Mariengass
Lobenhauern-gasse
Seeböckgasse
Geblergasse
Wurlitzerg.
Rückertg.
Kulmgasse
Klopstockgasse
Horneckg.
Gschwandnerg.
Rosensteingasse
Taubergasse
Weißgasse
Ortliebgasse
Kinder-manng.
St. Bartholomä
Wilhelminen-str.
Mayssengasse
Spitzackerg.
Kalvarienberggasse
Steinergasse
Speckbachergasse
Degengasse
Haslinger Gasse
Hl. Familie
Kern-stockpl.
Arneth-gasse
Garstererg.
Baldig.
Nattergasse
Frauengasse
Ottakr
Ottakringer Str.
Lambert-gasse
Wichtel-gasse
Elsnergasse
Faßtgasse
Hellg.
Deinhardsteingasse
Br. esteig.
Habergasse
Huberpark
Hubergasse
Friedrich-Kaiser-G.
Müllnergasse
Blumbergg.
Abeleg.
Lindauergasse
Kuffnerg.
Dampf-badg.
Friedrich-Kaiser-G.
Wend-
Bachgasse
Neulerchen
Heindlg.
Thalia-str.
Bertolig.
Kirchstetterngasse
Pfenninggeldgasse
Hasnerstr.
Richard-Wagner-Pl.
Koppstr.
Hl. Geist
Koppstr.
Dehmelg.
Hasner-str.
Arltg.
Thalhaimer-
Brüßl-
Klaus-
Kreitner-
Paniken-
Ganglbauer-
Neumayrgasse
Gablenzgasse
Hyrtl-
Haymerle-
Habicher-
Haberl-
Liebharts-
Hasner-str.
Fröbel-
Kirchstettern-
Nödlg.
Schinnaglg.
Possinger-gasse
Sportpl.
Hagengasse
Bundesanst. f. Leibeserziehung
Sportpl.
Brunhildeng.
114
Giselherg.
Gernotg.
Kriemhildpl.
Rüdiger-Str.
Vogelweidpark
P

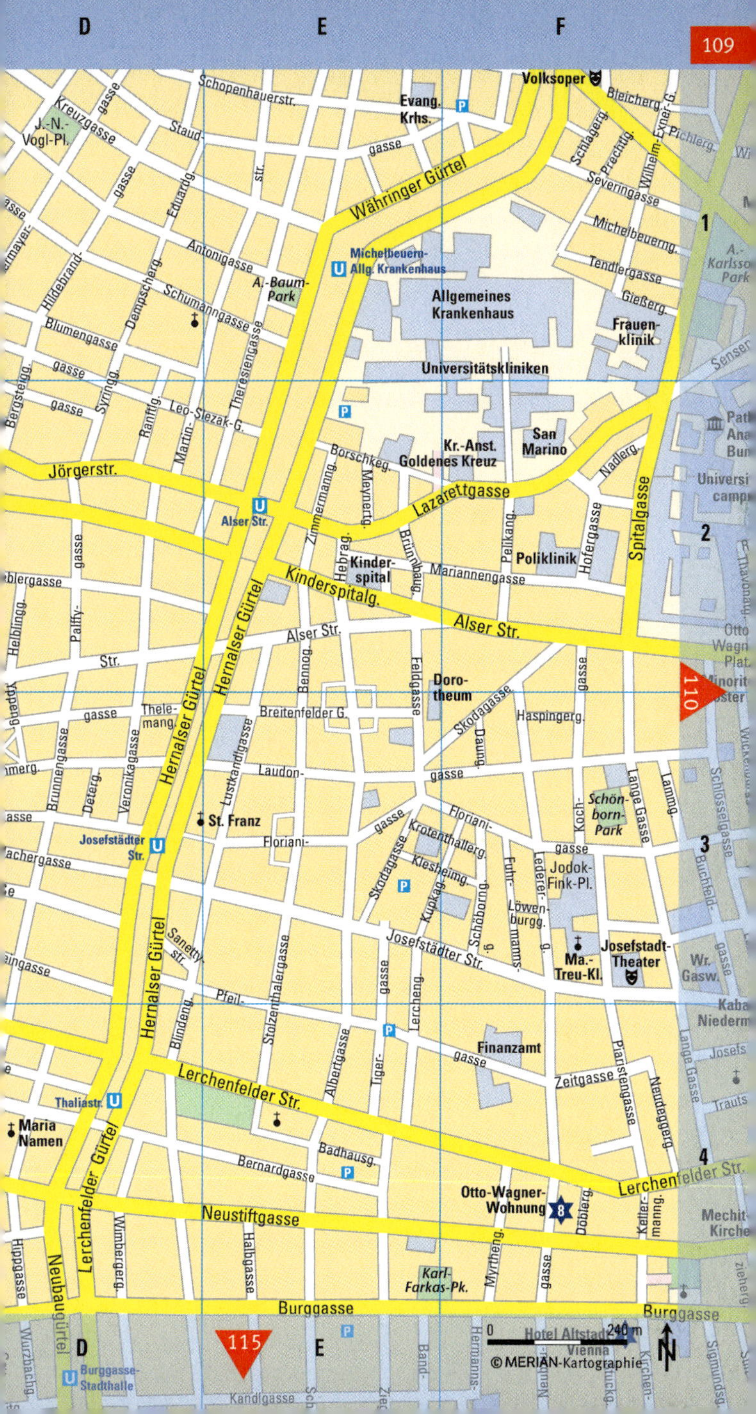
D
E
F
1
2
3
4
Volksoper
Evang. Krhs.
Schopenhauerstr.
Bleicherg.
Wilhelm-Exner-G.
Pichlerg.
Schlagerg.
Prechtlg.
Severingasse
Michelbeuerng.
Tendlergasse
Gießerg.
Kreuzgasse
J.-N.-Vogl-Pl.
Staud-
str.
gasse
Währinger Gürtel
Eduardg.
Antonigasse
Hildebrand-
Dempscherg.
Schumanngasse
A.-Baum-Park
Michelbeuern-Allg. Krankenhaus
Allgemeines Krankenhaus
Frauen-klinik
Universitätskliniken
A.-Karlsson-Park
Sensen
Blumengasse
Syringg.
Theresiengasse
Bergsteigg.
Ranftlg.
Leo-Slezak-G.
Martin-
Kr.-Anst. Goldenes Kreuz
San Marino
Nadlerg.
Spitalgasse
Universi campu
Jörgerstr.
Borschkeg.
Zimmermanng.
Meynertg.
Lazarettgasse
Alser Str.
Pelikang.
Hofergasse
Poliklinik
Kinder-spital
Hebrag.
Brünnlbaug.
Mariannengasse
Kinderspitalg.
Alser Str.
Thavonag.
Otto Wagn Plat.
Hernalser Gürtel
Pfalffy-
Helblingg.
Bennog.
Feldgasse
Dorotheum
Skodagasse
Haspingerg.
Breitenfelder G.
Thele-mang.
Daung.
Laudon-
Lustkandlgasse
Brunnengasse
Deterg.
Veronikagasse
St. Franz
Floriani-
Floriani-
Krotenthallerg.
Kochg.
Schönborn-Park
Lange Gasse
Lammg.
Schlösselgasse
Josefstädter Str.
Klesheimg.
Skodagasse
Kupkag.
Schöborng.
Fuhrmannsg.
Löwenburgg.
Lederer-g.
Jodok-Fink-Pl.
Buchfeld-
Sanettystr.
Stolzenthalergasse
Josefstädter Str.
Ma.-Treu-Kl.
Josefstadt-Theater
Wr. Gasw.
Pfeil-
Blindeng.
Lercheng.
Tigergasse
Albertgasse
Finanzamt
Piaristengasse
Neudeggerg.
Lange Gasse
Zeitgasse
Lerchenfelder Str.
Thaliastr.
Maria Namen
Lerchenfelder Gürtel
Badhausg.
Bernardgasse
Otto-Wagner-Wohnung
8
Döblerg.
Kellermanng.
Lerchenfelder Str.
Mechit-Kirche
Neustiftgasse
Hippgasse
Wimbergerg.
Halbgasse
Myrtheng.
Karl-Farkas-Pk.
Neubaugürtel
Burggasse
Burggasse
Zieglerg.
115
110
Burggasse-Stadthalle
Hotel Altstadt Vienna
0
240 m
N
©MERIAN-Kartographie
Kandlgasse
Hermanns-
Sigmundsg.

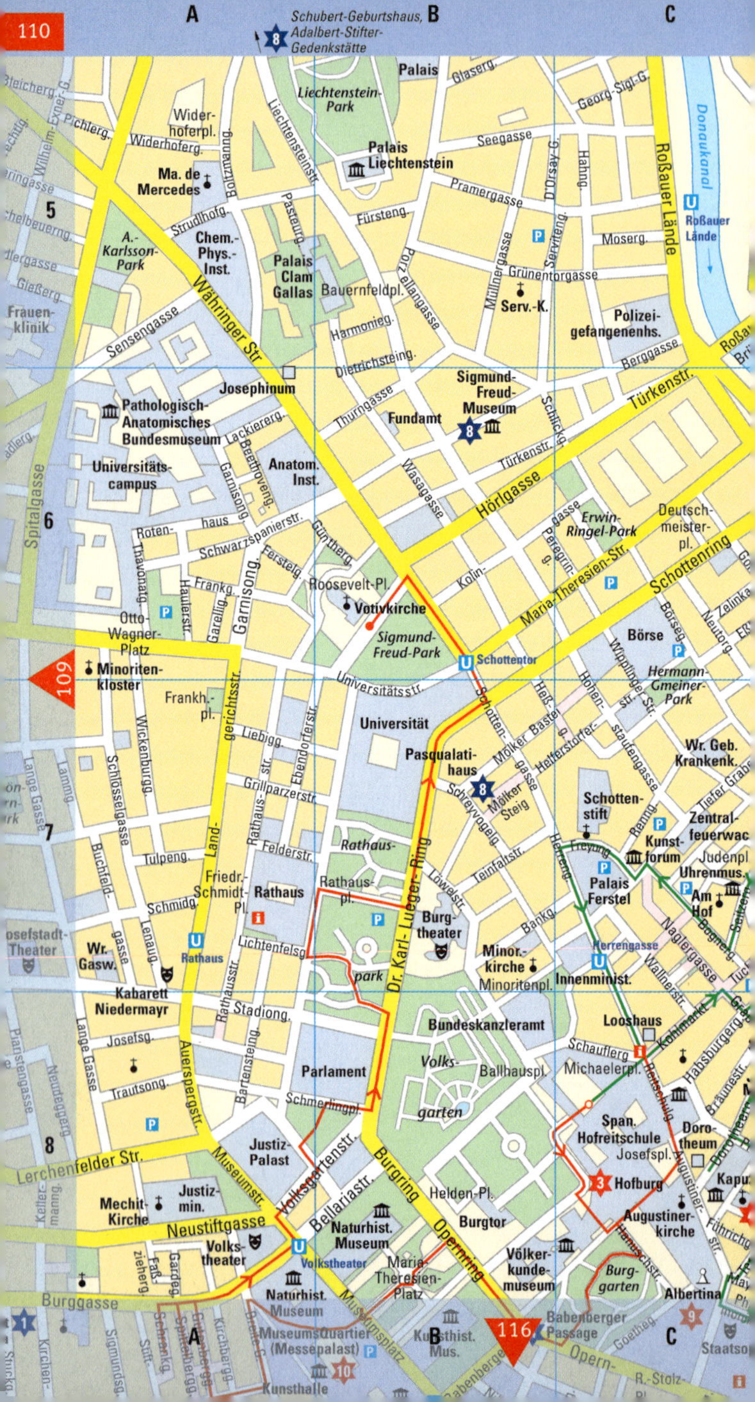
A
B
C
Schubert-Geburtshaus,
Adalbert-Stifter-
Gedenkstätte
8
Palais
Glaserg.
Liechtenstein-
Park
Georg-Sigl-G.
Donaukanal
Wider-
hoferpl.
Widerhoferg.
Pichlerg.
Wilhelm-Exner-G.
Liechtensteinstr.
Seegasse
Palais
Liechtenstein
Boltzmanng.
Ma. de
Mercedes
Pramergasse
D'Orsay-G.
Hahng.
Roßauer Lände
Roßauer
Lände
5
Strudlhofg.
Fürsteng.
A.-
Karlsson-
Park
Chem.-
Phys.-
Inst.
Pasteurg.
Porzellangasse
Müllnergasse
Servitengasse
Moserg.
Grünentorgasse
Palais
Clam
Gallas
Bauernfeldpl.
Serv.-K.
Frauen-
klinik
Harmonieg.
Polizei-
gefangenenhs.
Währinger Str.
Sensengasse
Dietrichsteing.
Berggasse
Roßau
Josephinum
Sigmund-
Freud-
Museum
Türkenstr.
Pathologisch-
Anatomisches
Bundesmuseum
Lackiererg.
Thurngasse
Fundamt
8
Schlickg.
Beethoveng.
Türkenstr.
Universitäts-
campus
Anatom.
Inst.
Garnisong.
Wasagasse
Hörlgasse
Spitalgasse
6
Roten-
haus
Schwarzspanierstr.
Güntherg.
Erwin-
Ringel-Park
Deutsch-
meister-
pl.
Peregring.
Ferstelg.
Thavonatg.
Frankg.
Hauerstr.
Roosevelt-Pl.
Kolin-
Maria-Theresien-Str.
Schottenring
Garelilg.
Garnisong.
Votivkirche
Otto-
Wagner-
Platz
Sigmund-
Freud-Park
Börse
Börseg.
Neutorg.
Zelinka
Schottentor
Minoriten-
kloster
109
Frankh.-
pl.
Universitätsstr.
Heß-g.
Hohen-
staufengasse
Wipplinger Str.
Hermann-
Gmeiner-
Park
Landesgerichtsstr.
Liebigg.
Ebendorferstr.
Universität
Mölker Bastei
Helferstorfer-
Wr. Geb.
Krankenk.
Schlösselgasse
Wickenburgg.
Rathausstr.
Grillparzerstr.
Pasqualati-
haus
Schottengasse
8
Schreyvogelg.
Mölker
Steig
Schotten-
stift
Tiefer Grabe
Zentral-
feuerwac
7
Buchfeldgasse
Lange Gasse
Lammg.
Felderstr.
Rathaus-
Teinfaltstr.
Herreng.
Freyung
Renng.
Kunst-
forum
Judenpl.
Uhrenmus.
Tulpeng.
Friedr.-
Schmidt-
Pl.
Rathaus
Rathaus-
pl.
Löwelstr.
Dr.-Karl-Lueger-Ring
Palais
Ferstel
Am
Hof
Schmidg.
Lenaug.
Burg-
theater
Bankg.
Bognerg.
Seitzerg.
Josefstadt-
Theater
Wr.
Gasw.
Rathaus
Lichtenfelsg.
Minor.-
kirche
Herrengasse
Naglergasse
Wallnerstr.
Minoritenpl.
Innenminist.
park
Kabarett
Niedermayr
Rathausstr.
Stadiong.
Bundeskanzleramt
Looshaus
Kohlmarkt
Josefsg.
Bartensteing.
Schauflerg.
Habsburgerg.
Volks-
Ballhauspl.
Michaelerpl.
Piaristengasse
Lange Gasse
Auerspergstr.
Parlament
Trautsong.
Reitschulg.
Bräunerstr.
Schmerlingpl.
garten
Span.
Hofreitschule
Doro-
theum
8
Justiz-
Palast
Josefspl.
Lerchenfelder Str.
Museumstr.
Volksgartenstr.
Burgring
Hofburg
3
Augustinerstr.
Kapu
Justiz-
min.
Bellariastr.
Helden-Pl.
Augustiner-
kirche
Mechit.-
Kirche
Neustiftgasse
Naturhist.
Museum
Burgtor
Führichg.
Volks-
theater
Maria-
Theresien-
Platz
Opernring
Völker-
kunde-
museum
Hanuschg.
Burg-
garten
Albertina
Volkstheater
Faßg.
Gardeg.
Ziegler g.
Naturhist.
Museum
Burggasse
Museumsplatz
Kunsthist.
Mus.
116
Babenberger
Passage
Goetheg.
A
B
C
1
MuseumsQuartier
(Messepalast)
Opern-
Staatso
10
Kunsthalle
Babenberger
R.-Stolz-
Kirchen-
Sigmundsg.
Kirchbergg.
Stiftg.
9

Augartenpalais
Porzellanmanufaktur
Am Tabor
Lessing-
Volkert-
gasse
Volkert-pl.
str.
Springergasse
Scherzerg.
5
Nordbahnstr.
Obere Augartenstr.
Untere Augartenstr.
Haasg.
Försterg.
Nestroyg.
Leopoldsg.
Miesbachg.
Castellezg.
Taborstr.
Josefineng.
Vereinsgasse
Pazmanitengasse
Bueppgasse
Darwingasse
Fugbachgasse
Mühlfeldg.
Heinestr.
Große Stadtgutg.
Pillersdorfg.
Holzhausergasse
Stadtgutg.
Schreyg.
Malzg.
Kl. Pfarrg.
Alexander-Poch-Pl.
Taborstr.
Novaragasse
Zirkusg.
Kleine
Franz-Hochedlinger-G.
Schiffamtsgasse
Gr. Pfarrgasse
Kriminalmuseum
Blumauergasse
Hermineng.
Nickelg.
Haidg.
Rotenkreuzg.
Odeongasse
Glockengasse
Rotensterngasse
Floßg.
Große Schiffgasse
Im Werd
Gr. Sperlg.
Tandelmarktg.
Weintraubengasse
Schottenring
Franz-
Karmeliterg.
Kl. Sperlgasse
Schmelzgasse
Afrikanerg.
str.
6
Hl. Joh.-Nepomuk
Mayerg.
Czerninpl.
Hollandstr.
Krhs. d. Barmherzigen Brüder
Johann-Strauß-Gedenkstätte
8
Körnerg.
Negerleg.
Komödieng.
Czerning.
Lichtenauer
Nestroypl.
112
Lilienbrunng.
Taborstr.
Mohreng.
Obere Donaustr.
Prater-
Untere Donaustr.
Josefs-
Goldsdorfg.
Salztorg.
Salzgries
Morzinpl.
Schwedenpl.
Kai
Dampfschiffstr.
Sterng.
Vorlaufstr.
Ruprechtskirche
1
Hafnersteig
Laurenzerberg.
Postg.
Aspernbr.
Urania
Obere Weißgerberstr.
Dißlergasse
7
Fleischmarkt
Rabensteig
Rotenturmstr.
Radetzky-str.
Julius-Raab-Pl.
Ankeruhr
Landskrong.
Rotgasse
Wiesingerstr.
Regierungsgebäude
Finanzlandesdir.
Kolonitzg.
Georg-Coch-Pl.
Stubenring
Zollamtsstr.
Hintere Zollamtsstr.
Lorbeerg.
Matthäusg.
Hetzg.
Lugeck
Köllnerhofg.
Sonnenfelsg.
Laterngasse
Rosenbursenstr.
Dominikanerbastei
Erzbisch. Dom- und Diözesan-Museum
Schönlaterng.
Bäckerstr.
Univ.-Kirche
Falkestr.
Stephansdom
7
Stephanspl.
Wollzeile
Figarohaus
8
Biberstr.
Oskar-Kokoschka-Pl.
Marxerg.
Untere Viaduktg.
Blutg.
Grünangerg.
Kumpfg.
Schulerstr.
Riemerg.
Stubenbastei
Zedlitzg.
Dr.-Karl-Lueger-Pl.
MAK
Vordere
Weiskirchnerstr.
Stubentor
Weihburgg.
3 Steffl
Franziskanerpl.
Franziskanerkirche
Singerstr.
Giggerg.
Invalidenstr.
Wien Mitte
8
Gärtnerg.
Himmelpfortgasse
Landstr. (Wien Mitte)
Parkring
Liebenbergg.
Coburgbastei
Johannesg.
Seilerstätte
6 Haus der Musik
Stadtpark
Wienfluss
St.-Elisabeth-Krhs.
Ungergasse
Beatrixg.
Seidlg.
Hegelg.
Johann-Strauß-Denkmal
117
Am Heumarkt
0 240 m
© MERIAN-Kartographie
D
E
Stadtpark

A
B
C
9
10
11
12
111
118
Hl. Franz von Assisi
Vorgartenstr.
Engerthstr.
Am Tabor
Springergasse
Adriastr.
Walcherstr.
Leopold-Moses-G.
Ernst-Melchior-Gasse
Radingerstr.
Nordbahnstr.
Josef-Roth-G.
Lassallestr.
Harkortstr.
Ennsgasse
Vorgartenstraße
Holzhauserg.
Fugbachgasse
Stadtgutg.
Venediger Au
Wolfgang-Schmälzl-Gasse
Ybbsstr.
Wohlmutstr.
Erlafstr.
Jungstr.
Max-Winter-Pl.
Venediger-Au-Park
Arnezhoferstr.
Obermüllnerstr.
Praterstern (Wien Nord)
Wien Nord
Stuwerstr.
Schrotzbergstr.
Messe-Prater
Ausstellungsstr.
Praterstern
Tiefstr.
Johann-Fürst-Pl.
Str. des Ersten Mai
Kratky-Baschik-Weg
Perspektivstr.
Nordportalstr.
Oswald-Thomas-Platz
Riesenrad
Planetarium
Calafattipl.
Mayerg.
Hedwigg.
Czerninpl.
Körnerg.
Hofenederg.
Franzensbrückenstr.
Heleneng.
Stoffellag.
Eduard-Lang-Weg
Zufahrtsstr.
Messestr.
Leichtweg
Lichtenauerg.
Vivariumstr.
Hauptallee
Sportklubstr.
Karl-Kolarik-W.
Csardastr.
Schüttelstr.
Dampfschiffstr.
Weißgerberstr.
Radetzkystraße
Löweng.
Dißlergasse
Donaukanal
Laufbergerg.
Kurzbauerg.
Waldsteing.
Hockeystadion
Kunsths.
Böcklinstr.
Kolonitzg.
Obere Viadukt
Untere Viaduktg.
Dianag.
Adamsg.
Krieglerg.
Josef-Gall-G.
Sportpl.
Lorbeerg.
Hetzg.
St. Othmar
Custozzag.
Rustenschacher Allee
Spenadlwiese
Hetzgasse
Unt. Weißgerberstr.
Sellenyg.
Blütengasse
Kegelgasse
Hundertwasserhs.
Lände
WAC Sportpl.
Bechardg.
Kollerg.
Seidlgasse
Blattg.
Rudolf-v.-Alt-Platz
Marxergasse
Rotundenallee
Jesuitenwiese
Geusaug.
Weyrg.
Stammg.
Rasumofskyg
Uchatiusg.
Czapkag.
Salmg.
Siegelg.
Geologeng.
Marxerg.
Hörnesg.
Hl. Erlöser
Haling.
Paffrathg.
Rasumofskyg.
Geol. B.-Anst.
Landstraßer Hauptstr.
Geusaug.
Kübeckgasse
Hießgasse
Erdberg
Friedensg.
Brantg.

Handelskai
Neue Donau
Donau
Donauinsel
5
Engerthstraße
Kafkastr.
Machstr.
Elderschpl.
Lößweg
Sturgasse
Offenbachg.
Krieau
U
Messe-gelände
Engerthstr.
Vorgartenstr.
Dr.-Natterer-G.
Jubiläums-halle
Trabrennstr.
Kaiserallee
Trabrennbahn
Stadion
Ferry-Dusika-Stadion
P
Olympiaplatz
Ernst-Happel-Stadion
Sportpl.
Meiereistr.
Sportplätze
Unterer Prater
2
Pierre-de-Coubertin-Platz
Marathonweg
0
240 m
N
9
10
11
12

A
B
C
108
13
14
15
16
Possingergasse
Sportpl.
Bundesanst. f. Leibeserziehung
Hagengasse
Giselherg.
Walküreng.
Gernotg.
Kriemhildpl.
Guntherstr.
Brunhildeng.
Camillo-Sitte-G.
Vogelweidpark
Stadthalle
Vogelweidpl.
Markgraf-Rüdiger-Str.
Alberichg.
Witzelsbergerg.
Tellgasse
Allioigasse
Stutterheimstr.
Krebsengarteng.
Zwinglig.
Schwegler Straße
Costag.
Oeverseestr.
Loeschenkohlg.
Pilgerimgasse
Schuselkag.
Wurmserg.
Chrobakg.
Kanneg.
Holocherg.
Plunkergasse
Toldg.
Schönererg.
Kobenweing.
Schanzstr.
Hütteldorfer Str.
St. Anton
Märzstr.
Reithofferpl.
Beingasse
Tanneng.
Pouthong.
Benediktgasse
Stättermayergasse
Schweglerstr.
Schellinger G.
Preysingg.
Hugig.
Marktpl.
Meiselstr.
Johnstr.
Wurmserg.
Kardinal Rauscher Pl.
Elisabethspital
Nobileg.
Forschneritschpark
Märzstr.
Sturzgasse
Johnstr.
Eduard-Sueß-Gasse
Jadengasse
Illekgasse
Kröllgasse
Selzergasse
Holocherg.
Goldschlagstr.
Wieningerpl.
Fenzlgasse
Felberstr.
Rustensteg
Zwölferg.
Lichtg.
Leydoltg.
Granggasse
Rosinag.
Sperrg.
Viktoriag.
Karmeliterhofg.
Ustereing.
Würffelg.
Tollg.
Denglerg.
Grenzg.
Rusteng.
Avedikstr.
Zollernspergg.
Kauerg.
Jurekg.
Lehnerg.
Linzer Str.
Technisches Museum
Mariahilfer Str.
Schwenderg.
Arnsteing.
Meinhartsdorferg.
Henriette
Dadlerg.
Hl. Dreifaltigkeit
Oelweingasse
Siebeneicheng.
Reindorfgasse
Geibelgasse
Kranzg.
Auer-Welsbach-Park
Winckelmannstr.
Jheringg.
Anschützg.
Hollergasse
Reichsapfelgasse
Dreihausgasse
Braunhirschengasse
Grimmgasse
Sechshauser Str.
Kurrnberg
Ullmannstr.
Graumanng.
Weiglg.
Wienfluss
Schönbrunner Br.
Sportpl.
Linke Wienzeile
Heinickeg.
Rauchfangkehrerg.
Kelling.
Storcheng.
Ortnerg.
Hofmokig.
Pillerg.
Diefenbachgasse
Längenfeldg.
Schönbrunner Schloßstr.
Schloss Schönbrunn
A
B
C

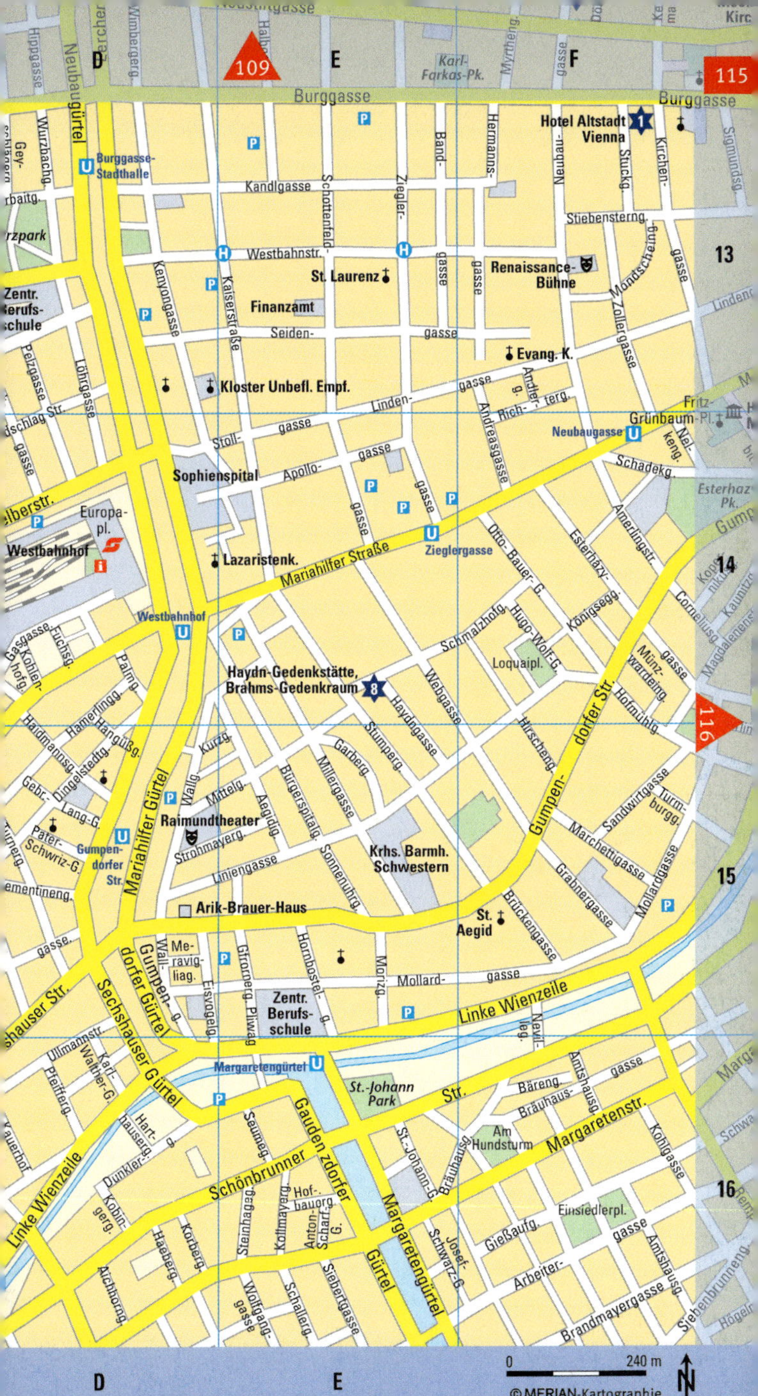

109
115
116
D
E
F
13
14
15
16
Burggasse
Neubaugürtel
Hippgasse
Wimbergerg.
Karl-Farkas-Pk.
Myrtheg.
Burggasse-Stadthalle
Kandlgasse
Schottenfeld-
Ziegler-
Band-
Hermanns-
Neubau-
Hotel Altstadt Vienna
Stuckg.
Kirchen-
Sigmundsg.
Stiebensterng.
Westbahnstr.
St. Laurenz
Renaissance-Bühne
Mondscheing.
Kenyongasse
Kaiserstraße
Finanzamt
Seiden-
gasse
Evang. K.
Zollergasse
Zentr. Berufs-schule
Peizgasse
Löhrgasse
Kloster Unbefl. Empf.
Linden-
Andler-g.
Rich-
terg.
Grünbaum-Pl.
Stoll-
Neubaugasse
Nel-keng.
Schadekg.
Sophienspital
Apollo-
Andreasgasse
Esterhazy-Pk.
Europa-pl.
Westbahnhof
Lazaristenk.
Mariahilfer Straße
Zieglergasse
Otto-Bauer-G.
Esterhazy-
Amerlingstr.
Corneliusg.
Schmalzhofg.
Hugo-Wolf-G.
Königsegg.
Loquaipl.
Münz-wardeing.
Haydn-Gedenkstätte, Brahms-Gedenkraum
Haydngasse
Webgasse
Hirscheng.
Gumpen-dorfer Str.
Hofmühlg.
Hamerlingg.
Haidmannsg.
Dingelstedtg.
Kurzg.
Garberg.
Millergasse
Stumperg.
Mittelg.
Bürgerspitalg.
Aegidig.
Wallg.
Mariahilfer Gürtel
Raimundtheater
Strohmayerg.
Sandwirtgasse
Turm-burgg.
Marchettigasse
Gumpen-dorfer Str.
Liniengasse
Sonnenuhrg.
Krhs. Barmh. Schwestern
Grabnergasse
Mollardgasse
Arik-Brauer-Haus
St. Aegid
Brückengasse
Me-ravig-liag.
Wall-g.
Gumpen-dorfer Gürtel
Hornbostel-g.
Morizg.
Mollard-
Linke Wienzeile
Sechshauser Gürtel
Eisvogelg.
Gfrornerg.
Pliwag
Zentr. Berufs-schule
Newald-g.
Sechshauser Str.
Ullmannstr.
Karl-Walther-G.
Pfeiffer-g.
Margaretengürtel
St.-Johann Park
Str.
Bäreng.
Bräuhaus-
Amtshausg.
Margaretenstr.
Hart-hauserg.
Dunkler-g.
Seumeg.
Gauden zdorfer Gürtel
St.-Johann-G.
Bräuhausg.
Am Hundsturm
Kohlgasse
Schönbrunner
Hof-bauorg.
Anton-Scharf-G.
Margaretengürtel
Josef-Schwarz-G.
Einsiedlerpl.
Gießaufg.
Arbeiter-
gasse
Amtshausg.
Siebenbrunneng.
Brandmayergasse
Kobing.
Haeberg.
Korberg.
Steinhageg.
Kollmayerg.
Wolfgang-gasse
Schallerg.
Siebertgasse
Aichhorng.
Linke Wienzeile
0
240 m
N

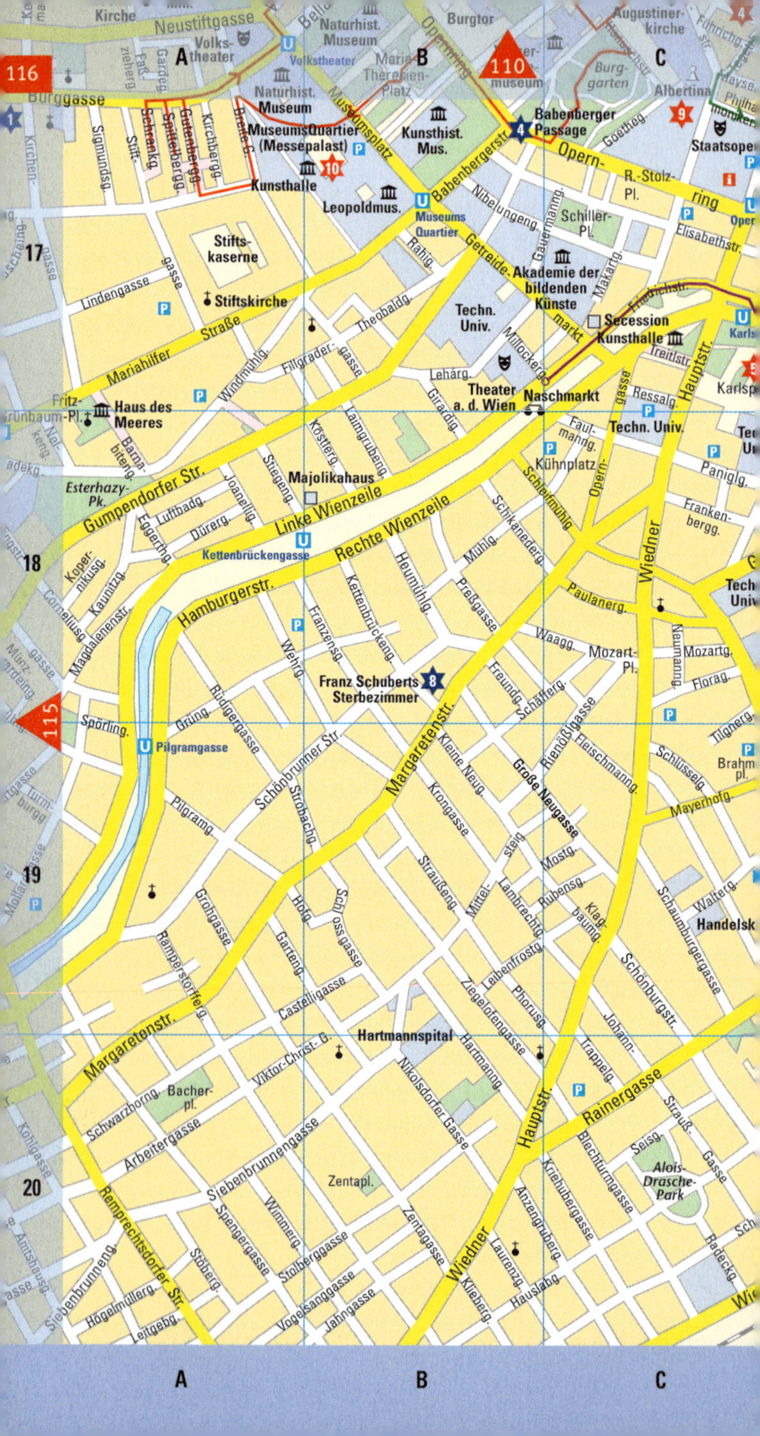

116
110
115
A
B
C
17
18
19
20
Kirche
Neustiftgasse
Volks-theater
Volkstheater
Naturhist. Museum
Burgtor
Maria-Theresien-Platz
Opernring
Augustiner-kirche
Burggarten
Albertina
Burggasse
Gardeg.
Faß-ziehergasse
Schrankg.
Spittelbergg.
Gutenbergg.
Kirchbergg.
Breite G.
Stift.
Sigmundsg.
Kirchengasse
MuseumsQuartier (Messepalast)
Kunsthalle
Kunsthist. Mus.
Museumsplatz
Leopoldmus.
Museums Quartier
Babenbergerstr.
Babenberger Passage
Goetheg.
Opern-
ring
Staatsoper
R.-Stolz-Pl.
Nibelungeng.
Schiller-Pl.
Elisabethstr.
Gauermanng.
Makartg.
Rahlg.
Getreide-markt
Akademie der bildenden Künste
Stiftskaserne
Lindengasse
Stiftskirche
Mariahilfer Straße
Theobaldg.
Techn. Univ.
Secession
Kunsthalle
Friedrichstr.
Treitlstr.
Karlspl.
Windmühlg.
Fillgradergasse
Lehárg.
Millöckerg.
Theater a. d. Wien
Naschmarkt
Ressalg.
Hauptstr.
Fritz-Grünbaum-Pl.
Haus des Meeres
Nelkeng.
Barnabiteng.
Girardig.
Köstlerg.
Laimgrubeng.
Faulmanng.
Kühnplatz
Operng.
Techn. Univ.
Paniglg.
Esterhazy-Pk.
Gumpendorfer Str.
Stiegeng.
Majolikahaus
Linke Wienzeile
Rechte Wienzeile
Schleifmühlg.
Frankenbergg.
Luftbadg.
Joanelllg.
Eggerthg.
Dürerg.
Kettenbrückengasse
Heumühlg.
Schikanederg.
Mühlg.
Wiedner
Kopernikusg.
Kaunitzg.
Corneliusg.
Magdalenenstr.
Hamburgerstr.
Franzensg.
Kettenbrückeng.
Preßgasse
Paulanerg.
Neumanng.
Techn. Univ.
Waagg.
Mozart-Pl.
Mozartg.
Florag.
Wehrg.
Münzwardeing.
Franz Schuberts Sterbezimmer
Freundg.
Schäfferg.
Spörling.
Grüng.
Rüdigergasse
Pilgramgasse
Schönbrunner Str.
Margaretenstr.
Kleine Neug.
Große Neugasse
Rienößlgasse
Fleischmanng.
Schlüsselg.
Brahmspl.
Mayerhofg.
Turmburgg.
Pilgramg.
Strobachg.
Krongasse
Straußeng.
Mittelsteig
Mostg.
Rubensg.
Lambrechtg.
Klagbaumg.
Waltergasse
Schaumburgergasse
Handelsk
Mollardg.
Grohgasse
Hofg.
Schlossgasse
Gartèng.
Reinprechtsdorfer Str.
Leibenfrostg.
Schönburgstr.
Castelligasse
Ziegelofengasse
Phorusg.
Johanng.
Hartmannspital
Viktor-Christ-G.
Hartmanng.
Trappelg.
Nikolsdorfer Gasse
Rainergasse
Bacherpl.
Schwarzhorng.
Arbeitergasse
Siebenbrunnengasse
Kriehubergasse
Blechturmgasse
Straußgasse
Seisg.
Alois-Drasche-Park
Kohlgasse
Zentapl.
Anzengruberg.
Spengergasse
Wimmerg.
Zentagasse
Radeckg.
Amtshausg.
Reinprechtsdorfer Str.
Stöberg.
Stolberggasse
Wiedner Hauptstr.
Laurenzg.
Siebenbrunneng.
Högelmüllerg.
Leitgebg.
Vogelsanggasse
Jahngasse
Kleberg.
Hauslabg.

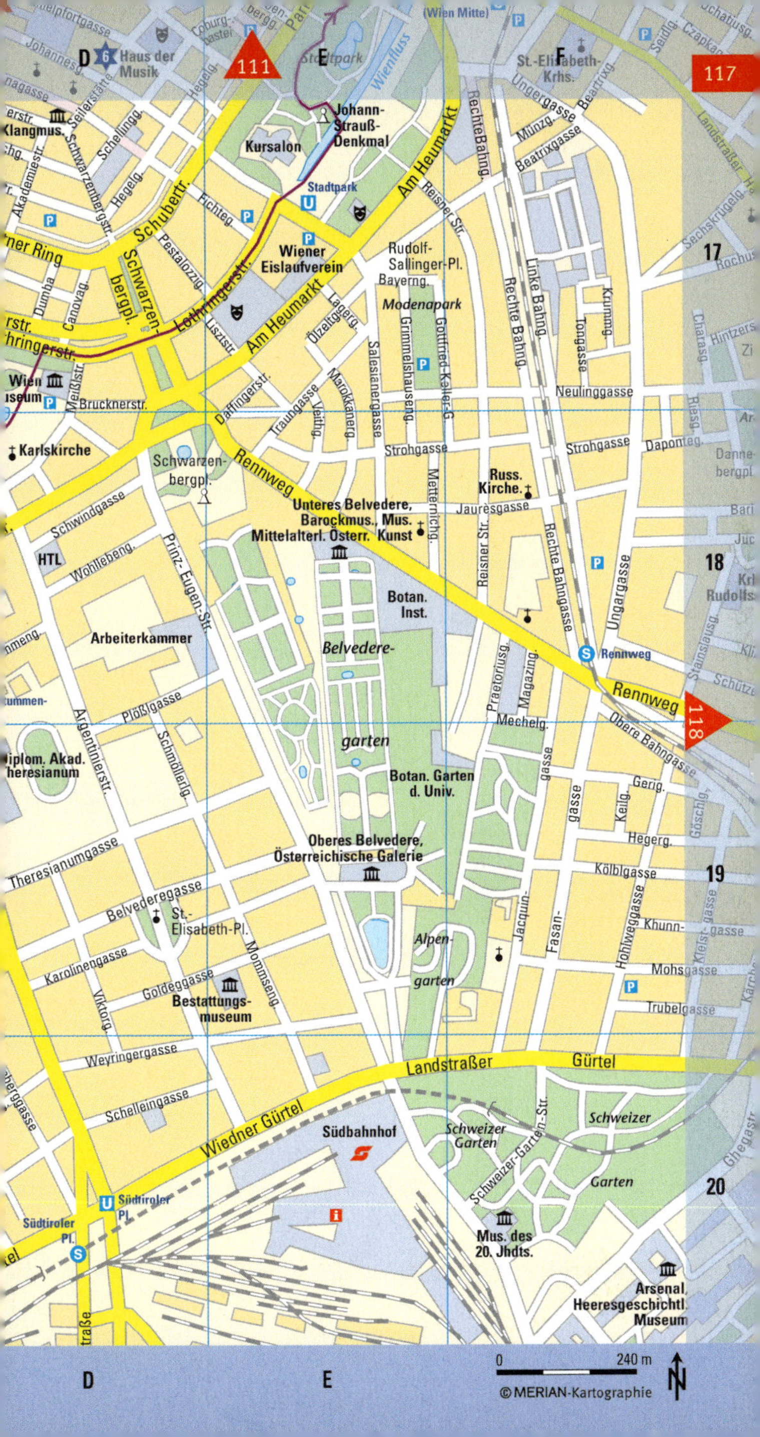

111
118
Haus der Musik
Stadtpark
Wienfluss
Johann-Strauß-Denkmal
Kursalon
St.-Elisabeth-Krhs.
Ungergasse
Beatrixg.
Münzg.
Beatrixgasse
Landstraßer H.
Sechskrügelg.
Rochus
Klangmus.
Seilerstätte
Schellingg.
Schwarzenbergstr.
Hegelg.
Akademiestr.
Schubertr.
Fichteg.
Am Heumarkt
Reisner Str.
Rechte Bahng.
Wiener Eislaufverein
Rudolf-Sallinger-Pl.
Bayerng.
Modenapark
Lothringerstr.
Schwarzenbergpl.
Pestalozzig.
Lisztstr.
Lagerg.
Ölzeltg.
Grimmelshauseng.
Gottfried-Keller-G.
Linke Bahng.
Rechte Bahng.
Tongasse
Krummg.
Charasg.
Hintzers
Dumba
Canovag.
Wien Museum
Meißlstr.
Bruckernstr.
Daffingerstr.
Traungasse
Veithg.
Marokkanerg.
Salesianergasse
Neulinggasse
Rieslg.
Karlskirche
Schwarzenbergpl.
Rennweg
Strohgasse
Strohgasse
Dapontеg.
Dannebergpl.
Russ. Kirche
Unteres Belvedere, Barockmus., Mus. Mittelalterl. Österr. Kunst
Metternichg.
Jaurèsgasse
Schwindgasse
HTL
Wohllebeng.
Prinz-Eugen-Str.
Botan. Inst.
Reisner Str.
Rechte Bahngasse
Ungargasse
Rudolfs
Arbeiterkammer
Belvedere-
garten
Praetoriusg.
Magazing.
Rennweg
Stanislausg.
Schütze
Plößlgasse
Argentinierstr.
Schmöllerlg.
Mechelg.
Obere Bahngasse
Diplom. Akad. Theresianum
Botan. Garten d. Univ.
Gerlg.
Keilg.
Hegerg.
Göschlg.
Theresianumgasse
Oberes Belvedere, Österreichische Galerie
Kölblgasse
Belvederegasse
St.-Elisabeth-Pl.
Mommseng.
Jacquingasse
Fasangasse
Hohlweggasse
Khunngasse
Kleistgasse
Karolinengasse
Goldeggasse
Bestattungsmuseum
Viktorg.
Alpengarten
Mohsgasse
Trubelgasse
Weyringergasse
Landstraßer Gürtel
Schelleingasse
Wiedner Gürtel
Südbahnhof
Schweizer Garten
Schweizer-Garten-Str.
Schweizer Garten
Ghegastr.
Südtiroler Pl.
Mus. des 20. Jhdts.
Arsenal, Heeresgeschichtl. Museum
D
E
F
17
18
19
20
0
240 m
© MERIAN-Kartographie

118
112
117
A
B
C
21
22
23
24
Geol. B.-Anst.
Rasumofskyg.
Kundmanngasse
Geusaug.
Kübeckgasse
Hießgasse
Park-
Erdberger Lände
Paffrathg.
Friedensg.
Brandg.
Hl. Erlöser
Landstraßer Hauptstr.
Sechskrügelg.
Rochusgasse
Rochusg.
Wasser-
gasse
Erdbergstr.
Hainburger Str.
Hintzerstr.
Charasg.
Ziehrer Pl.
Neulingg.
Messenhauserg.
St. Peter u. Paul
Hadingerg.
Göllnergass
Dietrich-
Hagen-
müller-
gasse
Postz Erdberg
Riesg.
Arenberg-Park
Daponteg.
Danne-bergpl.
Apostelgasse
Keinerg.
Rüdengasse
Droryg.
St.-Joh.-Bosco
Lechnerstr.
Barichgasse
Barmherzigengasse
Boerhaavegasse
Juchgasse
Lustgasse
Kard.-Nagel-Pl.
Erdbergstr.
Gestettengasse
Baumgasse
Fiakerpl.
Straßenba muse
Krhs. Rudolfsstiftung
Bds. Erziehungsanstalt
Krhs. Herz Jesu
Landstraßer
Leonhardgasse
Schlachthau
Ungargasse
Stanislausg.
Klimsch-
Schützeng.
Eslarngasse
Steingasse
Raben-
Wedig.
Hyegasse
Weinlechnerg.
Klopsteinpl.
gasse
Kleingasse
Rennw
Obere Bahngasse
Gerig.
Keilg.
Göschlg.
Hegerg.
Hafeng.
Ober-
zellerg.
Petrus-
Schimmel-
gasse
Paulus-
gasse
Schlachthaus-
Maiselg.
Rundw
Joseph-Schmidt-Pl.
Hauptstr.
Aspangstr.
Hohlweggasse
Kleistgasse
Khunngasse
Mohsgasse
Trubelgasse
Kärchergasse
Adolf-Blamauer-Gasse
str.
Viehmarktg.
Henneberg.
Dr.-Bohr-G.
Landstraßer Gürtel
Landstraßer Haupt-
Leberstr.
Rennweg
Zentralvieh
St. Mar
Ghegastr.
Kelsenstr.
Hofmannsthalg.
Grasbergerg.
Dirmoserstr.
Gürtelautobahn
Seippg.
Friedhof St. Marx
Arsenal, geschichtl. Museum

113
D
E
F
Pierre-de-Coubertin-Platz
Marthonweg
Stadionbad Tennis
21
22
23
24
Schacher Allee
Lusthausstr.
Hauptallee
Oberes Heustadelwasser
Siedlung Wasserwiese
Stadion-allee
Forschungsreaktor der Hochschulen
Gürtelautobahn
Unterer Prater
Schüttelstr.
Erdberger Lände
Schnirchgasse
Erdbergstr.
Bundessportpl. Birkenwiese
Sportpl.
Donaukanal
Ostautobahn
Fasangarten
Nottendorfer Gasse
Erdberg
A232
Baumgasse
Littaßstr.
graben
Kappgasse
Franzosen-graben
Guglgasse
center-str.
Paragonstr.
Döblerhofstr.
Mode-
0
240 m
© MERIAN-Kartographie

T

U

V

W

Y

Z

Hier finden Sie alphabetisch aufgeführt alle in diesem Band beschriebenen Sehenswürdigkeiten und Museen, Hotels (H) und Restaurants (R). Außerdem enthält das Register wichtige Stichworte sowie sämtliche MERIAN-Tipps und MERIAN-TopTen dieses Reiseführers. Wird ein Begriff mehrfach aufgeführt, verweist die **fett** gedruckte Zahl auf die Hauptnennung, eine *kursive* Zahl verweist auf ein Foto.

Liebe Leserinnen und Leser,
wir freuen uns, Ihre Meinung zu diesem Reiseführer zu erfahren. Bitte schreiben Sie uns, wenn Sie Berichtigungen und Ergänzungsvorschläge haben oder wenn Ihnen etwas besonders gut gefällt:

TRAVEL HOUSE MEDIA GmbH, Postfach 86 03 66, 81630 München
E-Mail: merian-live@travel-house-media.de; Internet: www.merian.de

Der Autor
Der Journalist **Christian Eder**, Jahrgang 1964, lebt und arbeitet in Salzburg. Von ihm sind Reisebücher über verschiedene österreichische Bundesländer erschienen; mit Wien verbindet ihn die Liebe zur Küche, zum Wein und zu den Beisln, aber auch das spezielle völkerverbindende Flair dieser mitteleuropäischen Metropole hat es ihm angetan.

Bei Interesse an digitalen Daten aus der MERIAN-Kartographie wenden Sie sich bitte an:
iPUBLISH GmbH, Abt. Cartography
merianmapbase@ipublish.de
www.merianmapbase.de

Bei Interesse an Anzeigenschaltung wenden Sie sich bitte an:
KV Kommunalverlag GmbH & Co KG
MediaCenterMünchen
Tel. 0 89 – 92 80 96 – 44
E-Mail: kramer@kommunal-verlag.de

Fotos
Titelbild: Hans Holleins Haas-Haus (Ralf Freyer);
Y. Levyl/Alamy 53; Altstadt Vienna 12; S. Baumann 85; D. Beranek 29; Bildagentur Huber/C. Dutton 49; Bildagentur-online 54; Bildagentur Waldhäusl/imagebroker/ C. Handl 24; blickwinkel/K. Thomas 62; Dorotheum 26; P. Hahn/laif 44/45, 52, 57; C. Heeb/laif 4/5; G. Huber/laif 58, 76, 80, 90, 92/93, 105; G. Krejci 19; laif/Hemispheres/M. Borgese 64; S. Lubenow/look 30, 32, 38; Minopolis 42; Naturhistorisches Museum 88; Palmenhaus 20; I. Pompe/ look-foto 7, 10/11, 46, 50; A. Riedmiller 70/71; Schapowalow/SIME 67; C. Stukhard/laif 68; E. Suetone/Hemispheres Images/laif 16; Viennaslide/W. Simlinger 75; Visum 60; J. Westphalen 34; www.stiftheiligenkreuz.org 84; C. Zahn/laif 37

Programmleitung
Dr. Stefan Rieß
Redaktion
Simone Lucke
Lektorat und Satz
Maja Mayer für bookwise, München
Gestaltung
wieschendorf.design, Berlin
MERIAN-Quiz
Verónica Reisenegger (Konzept und Idee)
Karten
MERIAN-Kartographie
Druck
Appl, Wemding
Bindung
Auer, Donauwörth
Gedruckt auf
Eurobulk Papier von der Papier Union

2. Auflage

TRAVEL HOUSE MEDIA

Ein Unternehmen der
GANSKE VERLAGSGRUPPE

Wien

MERIAN-Tipps

Tipps und Empfehlungen für Kenner und Individualisten

1 **Kunstsinnig wohnen**
Im Hotel Altstadt Vienna träumt man zwischen Originalen von Warhol und Helnwein oder in von Matteo Thun entworfenen Zimmern (→ S. 14).

2 **Wiener Würstlstände**
Käsekrainer und Co. fast bis zur Morgendämmerung (→ S. 22).

3 **Einkaufstempel Steffl**
Der historische Einkaufstempel erstrahlt auf 14 000 qm in modernem Gewand (→ S. 27).

4 **Clubkultur**
Die Szene ist ständig auf Wanderschaft: Momentan trifft sie sich in der »Passage«, einer alten Fußgängerunterführung unter der Ringstraße (→ S. 36).

5 **Donauinselfest**
Drei Tage langer, riesiger Gratis-Freiluft-Event mit Konzerten, Partys und jeder Menge Spaß (→ S. 40).

6 **Wien zum Hören**
Das Haus der Musik weist in den Ursprung des Klangs bis hin zu modernen Hyperinstrumenten ein (→ S. 48).

7 **Wienerlieder**
Balsam für das Wiener »Gmüat« – dabei durchaus auch kritisch (→ S. 56).

8 **Gedächtnisstätten und Sterbezimmer**
Erinnerungen an Sigmund Freud, Franz Schubert, Adalbert Stifter und andere, die mit Wien verbunden waren (→ S. 69).

9 **Mit dem Schiff in die Donaumetropole**
Die wunderbare Fahrt von Passau nach Wien dauert eineinhalb Tage (→ S. 99).

10 **Wien-Karte**
Für 18,50 € drei Tage lang mit allen öffentlichen Verkehrsmitteln fahren – plus Ermäßigungen in Museen (→ S. 106).

← MERIAN-TopTen finden Sie auf Seite 1